Красное Солнышко

Александр Красницкий

Красное Солнышко

ISBN: 979-8-88942-259-4

СОДЕРЖАНИЕ

КРАСНОЕ СОЛНЫШКО

К ЧИТАТЕЛЮ

Вопрос о варягах на Руси принадлежит к наиболее спорным в русской историографии.

Первые гипотезы о происхождении Русского государства встречаются уже в летописях XVI века, а научное изучение варяжского вопроса началось в Академии наук сразу же после ее основания в 1724 году. Прежде всего привлекали ученых легенды о призвании варяжских князей и вполне удовлетворительные объяснения имен Рюрика и Трувора как скандинавских. Чуть сложнее обстояло дело с именем Синеус. Однако теорию основания Русского государства норманнами опровергнуть достаточно легко, ибо значение скандинавского завоевания весьма преувеличено.

Походы викингов на Русь, начавшиеся в конце VIII века являются разбойничьими набегами, которые довольно трудно отделить от "торговых поездок". По мере того как местное население училось обороняться от набегов норманнов, всю большую роль начинала играть мирная торговля.

Одновременно с этим громадное значение для скандинавов имела возможность наняться на службу в дружину к русским князьям.

Что же касается термина "варяг", то ученые-скандинависты предлагают несколько его толкований: в древнерусском словоупотреблении это и скандинавские дружинники, приходившие на Русь за данью, и наемные воины на службе у русских князей, и торговцы.

Некоторые ученые выводят слово "варяг", "варенег" от западнославянского слова, обозначающего "меч". Известный лингвист М. Фасмер связывал "варяг" с древнесеверным "var" - "клятва", "присяга".

В языке же самих скандинавов это слово применяется только к воину-наемнику, в том числе и на службе у базилевсов в Византии.

Вот об этом обо всем вы и узнаете из очередного тома нашей серии.

Счастливого плавания на викингских драккарах!

ЧАСТЬ ПЕРВАЯ

1

НА РЮГЕНЕ

Густой туман поднимался сплошной стеной над таинственным Рюгеном[1], островом, где полновластно царил страшный Святовит[2] - требовавшее постоянно крови, битв, разорения божество прибалтийских славян.

Святовит, "истукан", и "царил". Пусть сопоставление этих двух слов не кажется странным. Именно "царствованием", в полном значении этого слова, можно назвать культ грозного божества. Кроткие венды, жившие на Рюгене, были порабощены жрецами Святовита, действовавшими не иначе, как во имя его, и требовавшими от населения и кровавых жертв, и воинов в ряды своих дружин, всегда готовых по первому их знаку кинуться на непокорных. С течением времени добровольная покорность этому вошла в привычку, в Святовите рюгенцы стали видеть грозного защитника от внешних врагов, главным образом - удалых викингов, бороздивших по всем направлениям Варяжское море; жрецы поддерживали эту уверенность, и идол стал как бы земным царем рюгенцев, будто он был одухотворением земной жизни и в самом деле обладал каким-то таинственным могуществом.

Итак, Святовит "царил" полновластно в Рюгене.

Постоянные туманы, одинокое положение острова среди бурного моря, рассказы о его божестве, выходившем будто бы по ночам и своего храма и мчавшегося на белом коне с мечом в руках по горам и по равнинам острова и над валами беспокойного моря, - все это придавало Рюгену особенную

---

[1] Рюген - остров Балтийского моря, отделенный узким проливом от континента. Берега его очень извилисты, образуют множество заливов. Поверхность острова ровная, но заметно поднимается к западу, с северо-востока представляет отвесные меловые скалы. Больших рек нет, но много речек и озер. Первоначальное население было германское, но затем его вытеснили славяне-венды.

[2] Святовит - языческий бог древних славян, живших на Рюгене, был богом всякого обилия и успеха.

таинственность, и даже удальцы-берсерки из среды викингов, готовые всегда на всякий подвиг безумной храбрости, не осмеливались нападать на рюгенцев. Редко даже кто чужой нападал на этот остров - так силен был инстинктивный страх, внушаемый грозным богом.

Храм Святовита находился на Арконе[3]. Здесь, окруженный высоким валом, стоял городок жрецов. Вал был так поднят, что закрывал собою высокие, с остроконечной крышей дворцы-крепости, где жили служители Святовита. Только храм божества, стоявший на горе, одиноко поднимался над островом и, как бы венчая его, издалека был виден с моря в немногие нетуманные дни.

Редко, очень редко кому-либо чужому удавалось побывать в жреческом городке. Служители Святовита ревниво берегли свои тайны. Для них чужой глаз был опасен. Поэтому только в самых исключительных случаях посторонние попадали в таинственные убежища грозного бога - храм, ворота которого открывались лишь тогда, когда выносилось из храма огромное знамя, что служило знаком того, что "божество" разгневано и требует войны и истребления своих врагов.

Вслед за знаменем выходили тогда воины Святовита. Их было всего-навсего только триста, но это были закаленные в боях берсерки, для которых "не было в мире дела лучше войны". Эти люди составляли ядро рюгенской армии. К ним примыкали молодые мужи и наемные воины жрецов, викинги с соседних островов; спускались на воду быстро оснащенные остроносые черные драккары, и уходила на грабеж к соседям буйная дружина, давая клятву возвратиться не иначе, как с добычею, заранее назначенной в жертву Святовиту.

Случалось так, что долгое время не показывалось пред рюгенским народом знамя Святовита. Не с кем было воевать его воинам. В Норвегии царствовал храбрый Олав Трюгвассон, пришедший туда из Дании. Борьба с ним была не под силу рюгенским жрецам. К берегам пиктов и саксов тоже не приходилось идти, у франков после недавних набегов викингов образовалась своя береговая стража. Побережье Варяжского моря все было разорено и выжжено. Волей-неволей приходилось томиться скукою Святовитовым воинам.

---

[3] Аркона - самый северный мыс на острове Рюген, на полуострове Витове, на западном конце которого находился город, носивший то же наименование. В этом городе жили жрецы Святовита, храм которого был на высоком холме, значительно поднимавшемся над морем.

На площадке, окружавшей жреческий городок у вала, у разложенного костра, в тот туманный день, когда начинается этот рассказ, сидело в разных позах несколько суровых воинов, поставленных здесь для наблюдения за морем. Дул сильный, пронизывающий до костей ветер. Туман волновался, как воздушное море. Невидимое за ним и в нем настоящее бурное море глухо рокотало, словно начинавшее свирепеть чудовище. Костер горел тускло; дым его стелился по низу, как будто тяжело ему было подниматься к этой белесоватой, давившей сверху гуще. Лица воинов были угрюмы. Кто-то из них полулежал на подстилке из звериных шкур, кто-то сидел, обняв руками колена. Изредка кто-нибудь приподнимался и начинал подкладывать в костер набросанные поблизости сучья; тогда раздавался треск, вспыхивало пламя, и суровые лица на мгновение оживлялись.

Вдруг со стороны моря, из кромешного гула донесся какой-то странный шум. Не то крики людей, не то звуки рогов. Воины как-то все разом встрепенулись и переглянулись между собой.

- Что там такое, Сфенкал? - сказал старший. - Пойди посмотри: стража внизу, может быть, знает.

Сфенкал поднялся и с сожалением взглянул на костер.

- Проклятый шум, - пробормотал он.

- Иди, Сфенкал, иди! - крикнул старший. - А вы, - обратился он к остальным, - будьте наготове.

Посланный воин, что-то ворча сквозь зубы, пошел по валу и скоро скрылся в туманной мгле.

Теперь все эти угрюмые люди у костра вдруг оживились. Неожиданно донесшиеся до них звуки стряхнули скуку, наполнили их сразу ожиданием чего-то нового. Пробудилось любопытство: звуки с моря не так часто долетали до арконского вала, чтобы не возбуждать собою интереса.

- Уж не те ли там, на море, кого так ожидают в Арконе? - сказал один из оставшихся воинов.

- Кто знает? Может быть, и те! - отозвался тот, кто был начальником над ними.

- Тогда чего же мы остаемся здесь?

- А что же мы сделаем в таком тумане?

Раздавшийся откуда-то снизу, от подошвы вала, звук рогов, заставил всех воинов вскочить на ноги.

- Вот теперь нас зовут, и мы пойдем, - наставительно произнес начальник, - скорее разбирайте оружие, не забудьте раскидать костер.

Он говорил все это отрывистым голосом; воины быстро

вооружились и стояли, ожидая новых приказаний своего вождя.

- Ну, идем! Не то опоздаем! - сказал он.

- Если только не опоздали! - отозвался несколько насмешливо молодой воин.

- Это почему, Икмор? - вскинул на него глаза начальник.

- Взгляни, - указал молодой человек в сторону, где, несмотря на туман, виднелся храм Святовита.

Рога, не умолкая, гудели от подножия вала. Им вторил шум, поднявшийся на улицах Арконы. Видны были толпы людей в белых жреческих одеждах и темных воинских одеяниях. Слышались крики, заметна была с высоты вала суматоха, толпы двигались по направлению к арконским ворогам. Городок, недавно еще безлюдный, безмолвный, вдруг оживился.

Старый воин махнул рукой.

- Клянусь рогом Святовита, это прибыли ожидаемые гости, - воскликнул он.

- В такой туман? - повторил его недавние слова Икмор.

- А что же? - возразил тот уже на ходу. - В фьордах мало ли искусных мореходов? А эти гости идут именно оттуда.

Весь небольшой отряд спешно пошел за своим начальником по дороге, проложенной на гребне вала. Икмор, воспользовавшись тем, что вождь так разговорился, шагал с ним рядом.

- Скажи, батюшка, - расспрашивал он, - не слышал ли ты, зачем является сюда это посольство? Ведь, Олав Трюгвассон успокоился с тех пор, как попал в Норвегию. Что ему здесь нужно?

- Не знаю, - отвечал вождь, - зачем послал к нам Олав своих воинов, об этом ничего не слышно; но не будь я Эрик, по прозвищу Черный Дракон, если только очень скоро не будет вынесено из храма знамя Святовита.

- Вот как! И ты уверен в этом?

- Так же, как в том, что я сын своей матери.

- Но куда же пошлет нас Святовит?

- А про то знает старый Бела, его верховный жрец.

Тут Эрик сообразил, что сказал слишком много, и вдруг рассердился.

- Да чего ты ко мне пристал? - закричал он. - Или ты думаешь, я обязан тебе сообщать, что говорят об этих пришельцах около Святовитова храма? Помолчи лучше, а не то я пожалуюсь на тебя Беле.

Икмор лукаво улыбнулся и замедлил шаг, отстав от своего сердитого начальника.

"И того довольно сказал, - думал он, - стало быть, скоро кончится эта тоска, и мы пойдем за море. А куда, я это узнаю."

Он поспешил сейчас же передать товарищам то, что ему удалось выпытать у старого Эрика. Среди кучки воинов пошел одобрительный говор. Эти воины были не из числа тех трехсот, которые составляли дружину Святовита. На Рюгене они были просто наемниками, взятыми для тяжелой караульной и рядовой службы. Таких наемников обыкновенно набирали из всей Скандинавии, стран варяжского побережья и Северной славянщины, с которой у скандинавов были постоянные торговые отношения. Ничто не привязывало к Рюгену этих людей, которых норманны называли "варягами", иногда прибавляя к этому наименованию сокращенное название их полуострова, так что общеупотребительным их именем было "варяго-россы". В то же время эти люди всегда были верны в исполнении договоров, и никогда не случалось, чтобы кто-либо из них уходил прежде, чем окончится уговоренный срок их службы, или не выполнял принятых на себя обязательств. Поэтому ими всегда дорожили, и викинги- скандинавы никогда не отказывались принимать в свои дружины этих по большей части безродных людей.

Под начальством Эрика, по прозвищу Черный Дракон, был большой отряд, но зато все его подчиненные были очень тесно сплочены между собой, жили дружно и пользовались полным уважением жрецов Святовита.

Сообщение Икмора не на шутку обрадовало их. Скоро должен был кончиться их срок службы при дружине Святовита, и им пришлось бы возвращаться на Рослаген, не побывав в боях. А для них и жизнь не в жизнь была, если кругом не кипела сеча, не было опасности. Они боялись, что на Рослагене просто засмеют их, когда им придется вернуться туда, а больше некуда было идти. Для самостоятельного похода отряд Эрика был слаб.

Оживленно разговаривая, варяги спустились с вала. Все население Арконы высыпало уже на побережье, расстилавшееся от ворот и вплоть до морских волн. Маленькая арконская гавань кипела оживлением. Драккары, стоявшие у берега, отводились: видно было, что для почетных гостей приготовлялось место. Звуки рогов не смолкали. Из ворот вышел небольшой отряд дружинников Святовита. Эти воины, закованные в железо, с тяжелыми мечами и щитами, сидели на могучих белых конях, тоже прикрытых от вражеских стрел кожаными глухими попонами. В сравнении с плохо одетыми, вооруженными только секирами да короткими мечами варягами, эти люди по внешности были олицетворением несокрушимой ратной силы и ее красоты. Но вместе с тем лица их были нежны, белы, выхолены, на них не заметно было ни решительности, ни упорства, ни того воинского духа, который так и сквозил в суровых варягах. Да оно и понятно. Дружинники Святовита стали теперь вождями собиравшихся рюгенских армий, их и в боях берегли, и в мирное время они являлись участниками всевозможных шествий, церемоний и привыкли выставляться больше всего напоказ, привыкли, чтобы ими любовались, а дело опасности - это уже выпадало на долю других.

Их и теперь в собравшейся на берегу толпе встретили криками восторга, тогда как варягов никто не замечал. Однако приветствия на этот раз были непродолжительны. Внимание толпы скоро отвлеклось другим. Трубные звуки с моря раздавались все громче и громче, и трубы на берегу вторили им. Вдруг завесу тумана словно разрезал стройный драккар. Он как будто вынырнул из какой-то бездны. Его черные, суженные кверху борта, острый, загнутый несколько с высоты к воде нос, высоко приподнятая корма с площадкой для рулевого - так и вырисовывались в белесоватом тумане. С десяток весел медленно поднималось и опускалось, всплескивая воду. На носу стоял воин, что было сил дувший в рог. На корме, около рулевого, находился другой воин - типичный норманн в панцирной рубахе с медным нагрудником и в шлеме. Около него стояло еще двое людей, один исполинского роста, другой статный, стройный, с кудрями, выбивавшимися на плечи из-под шлема. Оба они тихо говорили между собой, то и дело указывая на Аркону. За этим драккаром выскользнул из тумана другой, третий, и скоро в маленькой гавани сошлась целая флотилия их. Когда первый, самый нарядный из них, подошел к очищенному для него месту и ряду выложенных камней, что заменяло собой пристань, приветственные кличи, звуки рогов, шум волн - все слилось вместе. В это время на борт нарядного драккара вскинуты были сходни, и три витязя, стоявшие на его корме, медленно сошли на твердую землю.

2

СРЕДИ ВАРЯГОВ

Из толпы жрецов Святовита, стоявших всех ближе к пристани, отделился седой пронырливого вида старик в белом жреческом одеянии и, обращаясь к прибывшим, заговорил:

- Привет тебе, храбрый Освальд сын Руара, - с этими словами старик слегка поклонился норманну и продолжал: - Привет и вам, пришельцы из далеких славянских стран, тебе, Владимиру, сыну Святослава, внуку Игоря и правнуку великого Рюрика, и тебе, сыну Малка.

Говоря с последними двумя, старик едва-едва наклонил свою седую голову, так что поклон его вышел совершенно незаметным. - Великий отец и судья Бела, любимый служитель Святовита, - закончил свою коротенькую речь старик, - приказал мне передать вам, что он очень рад видеть Вас благополучно переплывшими море. Идите за мной, вы будете гостями Святовита, отдохнете с дороги, которая была нелегка.

- Привет и тебе, мудрый Нонне сын Локка! - воскликнул Освальд. - Передай твоему отцу и господину, мудрейшему Беле, что конунг мой великий Олав Трюгвассон, о котором громко поют саги в наших фьордах вдохновленные светлым Бальдром скальды, приказал передать ему поклон.

- Мы будем говорить об этом, храбрый ярл, потом, - прервал его Нонне, - великий отец Бела выслушает сам, что приказал тебе твой могущественный конунг, а теперь повторяю вам свою просьбу: пойдемте, вас ждет отдых под приготовленным для вас кровом.

Он жестом пригласил прибывших следовать за собой. Дружинники Святовита повернули коней, открывая шествие. Впереди, по направлению к городским воротам, шпалерами вытянулись в два белых ряда младшие жрецы и жреческие ученики с трубами и особого рода тимпанами. За ними, как живое море, волновались сбежавшиеся из предместий Арконы мужчины, женщины, дети. Позади небольшой группы прибывших и Нонне шли варяги, но теперь число их сразу утроилось.

С подошедших драккаров, провожавших ладью посланца конунга Олава и славянских гостей, сошло много воинов. Среди них были норманны в панцирях и шлемах и варяго-россы, одетые, подобно их рюгенским товарищам, как попало. Старый ярл сейчас же нашел приятелей и друзей среди прибывших, его воины смешались с толпой; нисколько не стесняясь, все они громко приветствовали друг друга. Слышен был шумный разговор, взрывы веселого хохота.

Так дошли до ворот "бурга". За них вступили только конные дружинники Святовита, Нонне с гостями и жрецы. Для прибывших скандинавов и варягов было отведено помещение в предместье, где жили и рюгенские варяги. Там им был выстроен дом в одну длинную огромную комнату со скамьями вдоль стен под окнами. В зале было светло: освещали ее никогда не гаснувший очаг да множество смоляных факелов. Посредине зала стоял во всю длину его стол, уставленный к приходу гостей и хозяев только что зажаренными воловьими и бараньими окороками, огромными кубками с вином и другими яствами и питиями.

Эрик с тремя прибывшими варягами, Ингелотом, Руаром и Оскаром, уселись на самом дальнем конце стола. По обе стороны его, разместились, кому где пришлось, остальные. Скоро зашумел веселый пир; слышался звон кубков, смех, беседа так и разливалась из конца в конец стола. Все теперь на этом пиру равны: не было ни старших, ни младших, ни кичливых норманнов, ни простоватых варяго-россов.

Были только обрадовавшиеся встрече добрые друзья, спешившие наговориться вдоволь, тем более, что оживлению беседы способствовало крепкое, будто не истощавшееся совсем в кубках вино.

- Клянусь громовержцем Тором[4], - восклицал Ингелот, оглядываясь вокруг, - мой старый Эрик живет, будто он совсем забыл, как звучит шум сечи, как несется врагам в лицо вопль берсерков. Он будто никогда не совершал берсекеранга и не мчался на врага, далеко отбросив щит. Нет, Эрик! В светлой Валгалле, где наслаждаются павшие на земле в бою воины-эйнхерии, нет такого покоя, как здесь. Там они охотятся на чудного вепря, а здесь. Здесь я не вижу даже, чтобы какой-либо труд был для вас утешением. Я боюсь, Эрик, не затупился ли меч твой?

- Не говори так, сын своей матери, - прервал его, хмуря брови, Эрик, - ты знаешь, мы нанялись и должны служить до срока.

- А кто заставлял вас?

- На Рослагене не хватало хлеба!

- Вот отговорка! Будто мало хлеба у врагов!

---

4 Божество грома и войны у скандинавов.

- В то время было его мало. Никто не брал варягов в свои дружины. Ох, прошли те времена, и только в сагах поют про то, как ходили норманны и варяги и на пышную Лютецию[5], и на зеленые острова Эрика[6]. Прошли! Теперь даже прямым путем не пробраться в Византию. Наши же загородили путь. Теперь не добраться и до Хольмгарда[7]. А кто виноват тому? Кто виноват, я спрашиваю вас, друзья? Ведь, Рюрик и Олав загородили все входы. Они завладели громадными землями славянскими на севере и на юге, и некуда идти теперь свободным викингам. А Рюрик и Олав были наши.

- Были наши, а стали свои собственные, увы, так это, - согласился Ингелот.

Громкие крики прервали беседу приятелей. Крики эти были радостны и выражали полное удовольствие всех пирующих. Особенно шумно выражали свой восторг суровые и молчаливые норманны.

- Скальд, скальд, - кричали они на разные голоса.

Из их среды выступил красивый молодой человек с сиявшими вдохновенными глазами. Он, отойдя от пирующих, сел на отдельную скамью и задумался, опустив голову на ладони рук.

- Скальд Зигфрид споет нам драгу, - шепнул Ингелот Эрику.

- Как давно не слыхал я вдохновенного самим светлым Бальдром[8] певца, - вздохнул тот и устремил на Зигфрида испытующий взор.

В зале воцарилось молчание. Все с напряженным ожиданием готовились слушать певца, складывавшего свою песню. Наконец, Зигфрид отнял лицо от ладоней, огляделся по сторонам и запел звучным молодым голосом:

Войне от колыбели
Обрек он жизнь свою,
Ему и стрелы пели,
И я теперь пою!

- Драга об Олаве Трюгвассоне, - тихо прошептал Руар, склоняясь к Эрику, - ты, друг, пожалуй, не слыхал ее.

Зигфрид пел все более и более звучно, мерные строфы

---

[5] Париж.

[6] Ирландия.

[7] Новгород.

[8] Бог солнца, любви, искусств у скандинавов.

словно рождались одна за другой в голове поэта. Он пел, как конунг Олав со своими викингами явился к берегам далекой Италии и там брал дань с городов, расположенных у моря. Он пел, как в молодости своей Олав был первым на всех состязаниях: и в беге, и в прыжках. Песнь его была сплошь похвалой славному конунгу, овладевшему всей Скандинавией. И вдруг она как-то сразу оборвалась, словно рыдание вырвалось из груди. И совсем другим уже и более грустным голосом он запел:

Презренен, кто для сладкой песни
Забыл стук копий и звон мечей:
Валгаллы светлой, дивной тени
Не видит взор его очей!

Зигфрид пел уныло, жалобно. Он говорил в своей новой песне о том, что есть конунги и викинги, которым женская прялка заменила меч. Ни одного слова не было в ней о конунге Олаве, но переход от громких похвал к жалобным упрекам и без слов подсказывал, что именно о славном норманне говорит песня во второй своей части. Слушатели скальда приуныли и сидели теперь, опустив головы, как бы разделяя тихую скорбь своего певца.

- Он прав, этот вдохновенный певец, - громко воскликнул Оскар, ударив кулаком по столу, - с некоторого времени все во фьордах пошло по-иному!

- Что ты хочешь сказать этим, друг? - спросил Эрик. - Неужели конунг Олав Трюгвассон мог забыть свою прежнюю доблесть? Неужели намеки Зигфрида касаются его?

- Одно тебе скажу, мой Эрик: конунг Олав не прежний.

- Но что с ним? Какая перемена?

- Он удаляется от битв и пиров. Кругом него такая скука, как и в темнице. Нет более прежних победных походов, мир и тишина спорят между собою около когда-то славного Олава.

- Что же с ним сделалось?

- Он стал слишком слушать жрецов иных богов и отвернулся от Одина, и других асов, вот они и покинули его! - вставил свое слово Руар.

- Я ничего не понимаю! - воскликнул Эрик. - Скажите мне, друзья, как это могло случиться?

- Это случилось после того, как Олав ходил к берегам Италии. Там он услыхал про нового Бога и захотел слушать Его жрецов.

- Какого Бога? Уж не Бога ли христиан?

- Вот именно. Он привез с собою на север жрецов христианских и стал проводить время в беседах с ними.

Старик Эрик покачал своею седою головою.

- Не раз слыхал я про этого нового Бога, - сказал он, - от Него и в самом деле могут погибнуть и Один, и Святовит, и славянский Перун. Говорят, Он всесилен.

- Уж не знаю, - проговорил Руар, - а скажу одно, что где бы ни появился жрец этого Бога, всюду люди меняются и забывают о битвах, о кровавой мести и только лишь толкуют о том, что врагам нужно прощать, что нужно любить всех, как самого себя. Да разве это возможно? Я уже не говорю о том, что после бесед с христианскими жрецами народ становится холоден к своим древним богам.

- Вот потому-то здешний главный жрец Святовита, этот старик Бела, так и ненавидит христиан, - заметил Эрик.

- Ненавидит? - воскликнул Ингелот.

- Для него нет большей радости, как уничтожить христианина.

- Ну, теперь я многое понимаю! Ведь Освальд сын Руара, наш вождь, хотя и именует себя посланником конунга Олава Трюгвассона, но на самом деле он никогда им не был!

- Как так? - Воскликнул удивленный Эрик.

- Клянусь тебе асами, что так. Ты видел этого молодого русса, что был вместе с Освальдом?

- Да. Я слышал, Нонне назвал его сыном Святослава, русского князя.

- Так, так! Он именно сын этого славного воина и сам князь северных руссов.

- Зачем же он между вами?

- А затем, что он бежал со своей родины. Старший брат его по имени Ярополк остался княжить в Киеве; среднему отец отдал большую и богатую область, а этому, теперешнему гостю Арконы, назначил быть князем в древнем Хольмгарде. Когда отец был убит, киевский Ярополк захотел быть князем всех руссов. Он убил среднего брата и добрался вот до этого, Владимира, но тот успел убежать во фьорды к конунгу Олаву. Олав сам не раз бывал в Хольмгарде, он принял молодого сего князя, помог ему набрать дружину, ну, словом, стал тот викингом. Владимир не раз ходил в походы за море и показал себя храбрецом. Только у молодца вовсе не было мысли оставаться на всю жизнь на службе у конунга. Он задумал кое-что другое. Владимир просто рассчитал, что конунг Олав поможет ему прогнать из Киева Ярополка.

- А тот что же? Неужели отказался? - воскликнул Эрик, и глаза его зловеще блеснули.

- В том и дело, старый мой друг, что около конунга Олава в это время был христианский жрец, и Олав, этот славный герой, склонил свое сердце к его убеждениям. Христианский жрец стал ему говорить, что Ярополк любит христиан и поэтому нельзя идти на него войною.

- И конунг Олав послушал жреца?

- Олав наотрез отказал дать Владимиру свои дружины для покорения Киева и руссов. Тогда-то ярл Освальд, который также не терпит христиан, сам объявил поход, но, увы, воинов собралось немного. Именитые ярлы и викинги не хотели идти против воли конунга. Но конунг запретил и варягам идти с ярлом и русским князем. Тут-то Освальд и схитрил. Он объявил, что варяжские дружины нужны ему не для похода против руссов, а будто бы собираются им только для арконских жрецов.

Кое-кто остался, не пошел с ярлом, но все-таки собралась небольшая дружина. Для похода нас было мало, и Освальд решил попытать счастья здесь, в Арконе. Может быть, Бела вынесет знамя Святовита и, конечно, даст в помощь Владимиру свои варяжские дружины. Понял, мой старый Эрик, какое задумано дело?

- Что же? - раздумчиво произнес Эрик, - я не прочь пойти на Днепр: от Киева близка и Византия. Да и Киев город богатый. Там можно много найти ценной добычи.

- А пойдут ли за тобой твои?

- Мы все служим Святовиту, - пожал плечами старый варяг, - пошлет нас Бела, и мы пойдем. А там скоро кончится срок нашей службы, и мы все станем свободны.

- Так мы, стало быть, будем товарищами?

- Разве у вас все решено?

- Все! Даст Бела помощь или не даст, а я и все, кто со мной, пойдем за Освальдом и Владимиром!

- Тогда что же и говорить! Сами асы покровительствуют нам и нашей дружбе. Только пока не сообщай никому, что я тебе поведал. Молчать придется недолго. Освальд здесь не засидится. Руку, друг! Будем пить за былые встречи на полях битв. Тс, Зигфрид опять поет.

Скальд пел теперь веселую песню. Его слушали с восторгом. Пир зашумел еще сильнее, когда Зигфрид кончил свою песню. Теперь, когда головы пирующих порядочно были затемнены вином и беседа стала общей, встретившиеся друзья достаточно наговорились между собой. Слышались отдельные, чаще всего бессвязные восклицания, воины шумно рассказывали о своих боевых подвигах. Совсем незаметно день склонился к вечеру, но пир все еще продолжался, и только поздняя ночь прекратила его. Тишина водворилась в недавно шумном зале, слышались храпение, бред; наконец, сам собою потух и очаг.

3

ГОСТИ

Пока варяги и скандинавы пировали, во дворце главного жреца Святовита, Белы, происходило другое.

Старый Нонне привел в обширный дворцовый покой Владимира, Добрыню и Освальда и здесь оставил их одних.

- Клянусь Перуном, - воскликнул Владимир, встряхивая своими кудрями, - здесь нас встречают куда приветливее, чем у конунга Олава.

- Я это предсказывал тебе, - заметил Освальд.

- Только бы поскорее кончились все эти переговоры. Я тоскую по родной стороне.

- Скоро, племянник, скоро! - вступился Добрыня. - Отсюда мы пойдем в Новгород.

- Ах, поскорее бы! - сказал Владимир, и в голосе его ясно слышно было тоскливое чувство. - Поскорее бы! Меня измучила эта разлука с родиной, а как вспомню я, что брат Олег до сих пор остается неотмщенным, так стыдно становится жить на свете.

Добрыня долгим, испытующим взором смотрел на племянника, как бы желая проникнуть в тайники его души.

Добрыня Малкович был высок ростом, широк плечами. Грудь его была поистине богатырская, выпуклая. Он казался выше Освальда, тоже воина не из малорослых. И вид Добрыни был внушительный. Голова его оставалась не выбритою, как у варягов, а покрытой густыми, начинавшими седеть волосами, ниспадавшими до плеч, по обычаю всех днепровских славян. Черные глаза как-то особенно выглядывали из-под густых нависших бровей. Взгляд их был выразителен; в нем так и светились непреклонная железная воля, ничем несокрушимое упорство и вместе с тем полнейшее душевное спокойствие, уравновешивавшее все чувства и порывы этого славного богатыря.

Добрыня Малкович был ближайшим другом и воеводою погибшего в 972 году среди печенежских орд великого киевского князя Святослава Игоревича. Мало того, он был его шурином по своей сестре Малуше. Брат и сестра из Любича попали пленниками в Киев. Здесь судьба распорядилась так, что пленные мальчик и девочка попали к княгине Ольге, матери Святослава. Девочка осталась и выросла на попечении мудрой княгини, Добрыня стал товарищем сперва детских игр Святослава, потом участником его знаменитых походов. Судьбе угодно было, чтобы Малуша стала супругою русского князя, и от этого брака родился младший сын Святослава Владимир.

Малуша была добрая, любящая женщина. Вместе со своей княгиней она посещала христиан, которых немало было в Киеве еще со времен Аскольда и Дира, сильно склонялась к христианству сама, и только боязнь огорчить Святослава помешала ей принять крещение, но невольно для самой себя она вложила в своего пылкого, впечатлительного сына первые зачатки христианства. Княгиня Ольга, которой нечего было бояться грозного князя, с тех пор как Владимир помнил себя, внушала ему христианские истины. Но суровый Святослав рано отнял своего младшего сына от бабки и матери, и частые походы, кровавые сечи заглушили в юноше семена добра, детские впечатления изгладились из памяти, молодая пылкость окончательно поглотила их. Душа Владимира была полна стремления к земным наслаждениям, к земному счастью, и никакая мысль о небесном не тревожила его.

Случилось так, что Святослав, отправляясь за Дунай "добывать" себе болгарское царство, разделил только еще недавно сплоченную Олегом Северную и Южную Русь между тремя своими сыновьями. Старший Ярополк получил Киевскую землю, средний Олег - древлянскую; младший Владимир - Новгород. С Владимиром отправился в качестве опекуна и его дядя Добрыня Малкович. После смерти Святослава ближайший воевода Ярополка, его опекун Свенельд, мстя за своего сына Люта, убитого Олегом Древлянским, побудил своего князя пойти на брата войной. В одной из схваток Олег был убит. Когда весть об этом дошла до Новгорода, то Добрыня испугался за участь любимого племянника. Он был уверен, что Свенельд стремится для Ярополка к единовластию и после Олега должен наступить черед и Владимира. Новгородцы казались ему ненадежными. По крайней мере, они отказались дать ему дружины для мести за Олега. Страшась, как бы Новгород не выдал Владимира киевскому князю, Добрыня заставил племянника уйти за море, к конунгу Олаву. Надежды его на скандинавского владыку не оправдались, и теперь все будущее молодого сына Святослава находилось во власти арконского жреца. Однако Добрыня Малкович и виду не подавал, что душа его полна тревоги. Недаром он давно уже был искушен во всяких "дипломатических" сношениях. Сколько раз при Святославе он вел переговоры и с венграми, и с ляхами, и с хитрыми византийцами, знал все их увертки, научился прятать свои мысли и чувства в сокровеннейшие тайники души и бесстрастно поглядывать вокруг, когда в сердце кипела страшная буря тревоги и напряженного ожидания.

Владимир Святославович был молод и к своему положению относился с задорной беззаботностью.

Будущее не пугало его. Он помнил прошлое и узнал настоящее. Силы так и кипели в молодом здоровом теле. Два года боевой, полной всевозможных приключений жизни развили в нем и статного витязя. Явилось сознание силы, а вместе с этим и полная уверенность в успехе. Неудачи не надламывали молодой энергии. Жизнь улыбалась этому изгнаннику, и более всего выводила его из себя осторожная медлительность дяди Добрыни.

Красив был собою Владимир Святославович! Рост его средний шел к статной, словно отлитой фигуре. Русые кудри, холеные, прилежно причесанные, рассыпались по его плечам, небольшая русая бородка, незаметно переходившая в шелковистые усы, закрывала губы и подбородок; голубые глаза светились молодою пылкостью, задором, веселостью и вместе с тем истинно-славянским добродушием. Когда Владимир смеялся, все лицо его так и сияло. Когда он улыбался, глаза его так и лучились. Щеки его горели здоровым розовым румянцем, но в то же время и в фигуре, и в движениях, и в манере держать себя сказывалась богатырская и физическая мощь, привычка повелевать, а в словах сквозили и ум, и тонкая наблюдательность.

Ярл Освальд был высок ростом, сутуловат и медлителен в движениях, в чем, несомненно, сказывалась его привычка постоянно носить тяжелое вооружение; левая рука его не отходила от левого бедра, как будто постоянно придерживала у пояса тяжелый меч. Черты лица Освальда были крупны, резки. Давно начавшие седеть усы, как две змейки, спускались на грудь и придавали скандинаву вид какого-то чудовища.

Покой, где находились это трое гостей арконского жреца,

был высок и неприглядeн. Все убранство его составляли тяжелые шкуры, задрапировавшие стены. Свет проходил через крохотные оконца, пробитые почти под потолком. От этого покой был мрачен, и невольно тоскливое чувство закрадывалось в душу тех, кому приходилось оставаться в нем долгое время.

Кругом была мертвая тишина. Ни звука, ни движения не чувствовалось за этими угрюмыми стенами, жизнь словно замерла, как только эти трое людей переступили порог мрачного покоя.

- Что же, так и будем сидеть в этих стенах? - с нетерпением воскликнул Владимир.

Освальд беззвучно засмеялся.

- Юность нетерпелива, она не понимает старости, - сказал он, - а здесь кругом нас только старики. Медлительность свойственна их возрасту.

- О ярл! - воскликнул Владимир. - Ты не старик, а тоже не желаешь понять, как мне хочется поскорее вернуться. Но ты воин, я дивлюсь, как не сочувствуешь ты мне, жаждущему яростного отмщения за кровь несчастного моего брата.

- Все придет в свое время, племянник! - перебил Владимира Добрыня, боявшийся, что молодой князь скажет что-либо лишнее.

- Придет, придет, - крикнул тот, приподнимаясь с ложа, на котором лежал до тех пор, - а каково томиться муками ожидания.

- Всякое ожидание учит мудрости.

- Знаю, знаю! Но что поделаешь, когда тоска лютой змеей грызет сердце. Ярополк, Рогвольд! Они теперь беззаботно наслаждаются счастьем.

- И гордая Рогвольдовна готовится разуть сына королевы Предславы! - вдруг раздался тихий, неприятный, похожий на шипение змеи, голос, заставивший всех троих гостей быстро вскочить со своих мест.

Кроме них, в покое был теперь низкий сгорбленный старик в белом, ниспускавшемся до пят одеянии. Никто из гостей даже и не заметил, как он появился здесь, и его вмешательство в разговор стало полнейшей неожиданностью. Старец этот, несмотря на свою наружную дряхлость, выступал твердой поступью. В правой руке у него был длинный жезл, заканчивавшийся золотым изображением конской головы, но опирался на него старик легко, почти не касаясь его нижним острием пола. Голова, впавшая глубоко между плечами, однако, держалась твердо. Глаза смотрели выразительно и, несмотря на преклонный возраст старика, все еще сохраняли свой блеск. Череп был совсем гол, только на висках и затылке виднелись пряди седых редких волос. Длинная, ниже пояса, вся седая борода, падая на белую, как снег одежду, почти сливалась с нею. Голос старика, хотя он говорил тихо, звучал твердо и непреклонно.

- Великий отец Бела, - воскликнул, увидав старца, Освальд вдохновенный любимец грозного Святовита!

С этими словами ярл, низко, коснувшись рукою до пола, поклонился старику. Поклонился и Добрыня, но поклонился степенно, даже важно, с чувством собственного достоинства. Зато Владимир, услыхав имя грозного Святовитова жреца, вдруг бросился к нему и торопливо заговорил несколько взволнованным голосом:

- Так вот каков ты, великий отец, чья воля держит в своих руках все побережье Варяжского моря! Привет тебе, великий, привет мой! Будь здоров долгие еще годы, и да прославит грозный Святовит тебя своею помощью!

Владимир с пылом схватил руку старца и, наклонившись всем корпусом, положил ее себе на голову.

На лице Белы промелькнула тень удовольствия. Поступок молодого славянского князя пришелся ему по душе. Он не сразу отнял свою сухую руку с головы Владимира и несколько раз ласково провел ею по его русым кудрям.

- Привет мой и тебе, Красное Солнышко! - голосом, утратившим шипение, произнес он. - Великий Святовит благославляет твой приход ко мне. Я уже вопрошал его, и он мне сказал, что ты благословенный гость в его чертогах. И вот я, смиренный исполнитель воли всемогущего божества, сам явился к вам, дабы возвестить вам милость Святовита.

4

БЕЛА

Бела протянул руку Владимиру и с его помощью дошел до широкого, устланного мягкими звериными шкурами ложа.

- Сядь, сын мой, около меня, - по-прежнему ласково проговорил он, - твои кудри так мягки, что моя старая рука отдыхает, касаясь их. Садитесь и вы, могучие витязи, - кивнул старик в сторону Добрыни и Освальда, - я хочу говорить с вами, и помните, что моими устами будет предлагать вам свою волю сам великий и могущественный Святовит.

Глаза Добрыни как-то странно блеснули при этих словах Белы. На мгновение в них отразилось не то недоверие, не то насмешка. Как будто Владимиров дядя хотел сказать: "Знаем мы, как ваши боги говорят вашими устами! У нас в Киеве жрецы Перуна вот так же нам говорят! Стоял за шкурами да подслушивал, вот и появился, словно из-под земли! Да впрочем, говори, только бы для племянника польза была. А там мы и сами посмотрим, как нам с тобой говорить, теперь же твой верх!"

Старый Малкович, как и большинство славянских витязей, был совершенно равнодушен к верованию в созданных народом богов. Слишком он много перевидал на своем веку. Славянский Перун, прибалтийский Радегаст и Сварог, арконский Святовит, норманнский Один: что ни народ, то бог! Всем им где же верить, так пусть уже старики да женщины к этим созданным человеческими руками богам прибегают, а храбрый витязь больше на свой меч должен надеяться. Но вместе с тем Добрыня знал, что всюду жрецы выступают как умнейшие люди, великая сила, и потому раздражать их да перечить им опасно, особенно тогда, когда приходится обращаться к ним с важными просьбами. Поэтому он только вздохнул и опустил глаза, боясь выдать их блеском свои мысли.

Бела между тем продолжать ласкать Владимира, опустившегося к его ногам.

Сгорбленный, отживший свой век старец и молодой, полный жизни красавец составляли чудную группу. Даже суровый Освальд невольно залюбовался ею и воскликнул:

- Да поразит меня свирепый Локки[9], если я когда-нибудь слышал, чтобы великий Бела так принимал кого-то из своих гостей!

Бела поднял на него глаза и чуть заметно улыбнулся.

- Я слабый исполнитель воли божества, - произнес он.

- Так, стало быть, твой Святовит благосклонен ко мне! - вскричал Владимир.

- Я уже сказал, - ответил Бела, - что твой приезд приятен Святовиту.

- Тогда он поможет мне вернуть стол моего отца и отомстить за брата!

Бела покачал головой.

---

[9] Божество подземного огня у древних скандинавов.

- Увы! Я не могу еще сказать тебе, сын мой, этого.

- Отчего, отец?

- Я вопрошал Святовита лишь о твоем прибытии на Рюген.

- Тогда спроси его скорее. Спроси, отец, я принесу, какие ты назначишь, жертвы, твоему богу. Ах, отец, как тяжело знать, что кровь остается неотмщенного!

- И обида тоже! - тихо сказал Бела.

- Ты о Рогвольдовне? - вспыхнул Владимир, и глаза его загорелись диким огнем. - И сюда уже дошли вести о моей обиде? "Сына рабыни разуть не хочу!" О-о-о! Змея лютая! Она ужалила меня в сердце, и боль не прошла еще. "Сына рабыни!" Моя мудрая бабка называла мою мать дочерью, мой отец не имел после нее других супруг. Рабыня! Слышишь, дядя? Рабыня! Ты тоже раб? И кто говорит это? Дочь чужака, пришедшего неведомо откуда. Ведь землю кривичей из милости Ярополк-братоубийца дал Рогвольду во владение, а я князь по рождению. Сын рабыни! Да все они кровью, жизнью своей поплатятся за эти слова!

В сильном нервном возбуждении Владимир вскочил на ноги и теперь, тяжело дыша, стоял перед Белой. Лицо его так и пылало, глаза горели, гнев всецело овладел им. Бела и Освальд любовались молодым князем. Добрыня, казалось, совершенно равнодушно смотрел на племянника.

- Ты, войдя сюда, - продолжал Владимир, обращаясь к Беле, - сказал: братоубийца Ярополк берет за себя супругой Рогвольдовну. Так я скажу, что этого не будет!

- Кто же помешает им? - спросил Бела.

- Я!

- Ты? Уж не один ли ты пойдешь на полоцкого и киевского князей?

- Подниму Новгород, если ты мне не поможешь.

- Да, если только удастся. Знаю я этот народ приильменский! - возразил Бела. - Ох, как я его знаю! Они у себя шумят, кричат на вече, а на всякую войну идут неохотно.

- Теперь за мной пойдут. В Новгороде уже изведали, каковы посадники Ярополка. Слыхали мы с Добрыней, как плачутся, меня вспоминаючи. Рады будут, когда вернусь. Слышишь ты, кривичи с Рогвольдом верх над Новогородом берут. Полоцк выше Новгорода забирается. Ко мне уже гонцы были, вот и иду я теперь в свою область, сперва до Полоцка доберусь, с Рогвольдом посчитаюсь, а потом и Киев посмотреть пойду. Мне, если хочешь знать, так и твоей помощи не нужно.

Тень неудовольствия набежала на лицо Белы.

- Зачем же ты явился просить о ней? - холодно спросил он.

- А так. Дашь дружины, убытка не будет, пригодятся, а не дашь - все равно!

Гневный порыв уже прошел. Владимир успокоился и теперь говорил, то и дело взглядывая на дядю, как бы ища в его глазах одобрения своим словам. Добрыня сидел все время понурившись, но при последних словах племянника встрепенулся и, устремив на Белу взор заговорил:

- Правду, отец Бела, говорит племяш-то мой, на Руси за нас и Новгород, и Киев, и вся Древлянщина. Слово скажи, появись среди них - поднимутся и пойдут. А если пришли мы просить у тебя дружины, так нужна она нам как охрана в пути, да на первый какой-нибудь случай, ибо как князю без войска быть? Вот тебе мой сказ, а на остальном твоя воля.

Малкович смолк и с удовольствием погладил бороду. Он видел, что его слова произвели впечатление на жреца Святовита. Бела в самом деле недоуменно посмотрел на Освальда, как бы желая узнать, каково его мнение, но норманнский витязь сидел, потупив голову, и не промолвил ни одного слова. Он как будто был сконфужен чем-то и страшился поднять глаза на Белу. Тот понял, что от норманна ждать объяснений, по крайней мере немедленно, нечего, и чуть слышно вздохнул. Старик ожидал, что пришельцы придут к нему и будут униженно просить помощи. В ответ он решил поставить свои условия, предварительно измучив их ожиданием, но выходило совсем не то. Ясно было, что они искали только союза и на все, что он им предложил бы, могут и не пойти. По крайней мере, так понял Бела речь Добрыни. Теперь старик пожалел, что отнесся слишком ласково к Владимиру, но изменить обращение, показать себя неприступно серьезным, по его мнению, было уже поздно.

- Не будет от тебя нам помощи, - продолжал между тем Добрыня, знаком показав племяннику, что тот должен не прерывать его, - так мы и в другом месте отыщем ее. Мало ли храбрых королей и князей окрест нашей Славянщины есть? Король Мечислав у ляхов, король венгров с верховья Истра - все это друзья и побратимы покойному нашему князю Святославу были, так, авось, не откажут в помощи и его сыну. А если с ними не сговоримся, так к половцам пойдем. Их ханы до ратного дела охочи, тьму людей дадут. Таков мой сказ тебе, отец Бела. Но ежели мы к тебе первому пришли, так потому лишь, что владения твои первыми нам по пути попались да слышали мы вот от нашего друга Аскольда, - переиначил на славянский лад Добрыня имя норманна, - что и ты, отец, не прочь ратного дела, ибо засиделись дружины твои да и казна

Святовита тощать стала. Вспомнили и пришли, ведь от речи убытку не будет, а выйдет у нас дело с тобой или нет, про то не станем пока до поры до времени загадывать. Так-то, отец!

Голос Добрыни звучал уверенно.

Говорил славянский витязь совершенно свободно, как будто перед ним был не всесильный жрец таинственного рюгенского божества, а во всем равный ему, изгнаннику, человек. Уверенность и твердость Добрыни произвели впечатление. Бела не то, чтобы смутился, но у него были свои планы в отношении этих русских витязей, и он смотрел на них как на своих покорных слуг, беспрекословных исполнителей своей воли - и вдруг неожиданный отпор в виде указания на то, что в его помощи эти люди далеко не так нуждаются, как он, Бела, ожидал! Однако Бела сейчас же нашелся, как выйти из своего затруднительного положения.

- Ох, сын Малка, - произнес он, - совсем не ко времени твои эти речи!

- Лучше все сразу сказать, - ответил Добрыня.

- Да на это и другую пору найдем. Экие вы! Прямо с пути - и за дело!

- Ты, отец, сам заговорил! - перебил его Владимир.

- О чем? О Рогвольдовне? Так это так, к слову пришлось. Я обрадован был, что грозный Святовит благосклонен к вашему прибытию, и поспешил сам придти к вам, дабы пригласить вас с дороги разделить с нами, служителями Святовита, скромную нашу трапезу.

А вы сейчас же и за дела! Забудьте о них и помните, что вы гости Святовита. Путь ваш был долог, море бурно, и, думаю я, что, забыв о всех делах, должно прежде всего дать покой и усладу истомленному телу. А ты, мой сын, - закончил он, обращаясь к Владимиру, - пылок, как юноша! Вижу я, что сердце твое страдает от обиды, но это ли тяжкое горе? Эх, дитя, дитя! Так ли змеи жалят человеческие сердца! Будешь жить, узнаешь сам, что и горшие страсти мутят вас, славных людей, и только тот, кто, подобно мне, весь живет в божестве, может не страдать от них. Нонне! Нонне! - захлопал в ладоши Бела.

Невидимые руки распахнули шкуры, висевшие на одной из стен, и показался старый жрец, встречавший гостей на морском берегу. Он скрестил на груди руки, так что пальцы касались его плеч, и, низко склонившись пред своим владыкою, застыл в этой позе, ожидая приказаний.

- Все ли готово, мой Нонне, для наших гостей? - спросил Бела.

- Ты повелел, могущественный! - последовал ответ.

- Так проводи их в зал трапез. Тебе я поручаю их; я же пойду к Святовиту, ибо настало время моления моего пред ним. Идите, дорогие гости, утоляйте ваш голод, запейте франкским вином вашу жажду, потом возлягте на ложе, и да пошлет вам Святовит добрые сны!

Он слегка поклонился своим гостям; Нонне жестом руки пригласил их следовать за собой. Освальд, уходя, тоже низко поклонился старому жрецу. Добрыня отвесил поклон со степенной важностью, Владимир же подошел к Беле и, положив свою руку на его плечо, произнес ласковым голосом, в котором не осталось и следа недовольства:

- Отец, мне кажется, ты полюбишь меня. Не кори меня моей молодостью, попроси Святовита, чтобы он помог мне сесть на киевский стол, и ты найдешь во мне навсегда преданного друга.

5

НА ПИРУ

Нонне вел гостей длинными запутанными переходами. В них стояла такая темь, что только один старый проводник мог идти спокойной поступью. Остальные то и дело спотыкались и, чтобы удержаться на ногах, схватывались друг за друга. Невольно даже в неробкие сердца воинов закрадывался страх.

- Войти мы вошли, а как вот выйдем? - пробормотал словно бы про себя Добрыня.

Нонне услыхал его и круто обернулся.

- Ты боишься, вождь? - спросил он.

- Чего боюсь? Ничего я не боюсь, - угрюмо ответил Малкович, - и будто бы нет другого пути в трапезную вашу залу! Здесь ведь и запутаться легко.

- Да, - несколько загадочно сказал Нонне, - кто раз прошел по этим переходам, тому трудно вернуться без помощи Святовита обратно. - Голос жреца звучал и насмешкою, и загадкою.

- Но вы, чужеземцы, не бойтесь ничего, - продолжал Нонне, не слыша, чтобы кто-либо из спутников сказал ему в ответ хотя бы одно слово, - я проведу вас назад другим путем, и вы вновь увидите сияние солнца, услышите шум морских волн, но прежде всего вы должны взглянуть на тайну божества и преклонить колена пред владыкою воздуха, морей и земли, великим, грозным Святовитом. Такова воля моего отца-повелителя Белы.

- Пусть будет так, - беззаботно вскричал Владимир, - хотя я теперь предпочел бы чашу франкского вина и хороший кусок прожаренного на углях мяса. Но что же? Обязанность гостей покоряться во всем воле хозяина. Но что это слышу я?

Владимир остановился и схватил руку Добрыни.

Откуда-то до них доносились жалобные стоны. Казалось, где-то совсем близко мучается страшной, невыносимой болью человеческое существо. Стоны то слабели, то переходили в отчаянный, ужасающий рев. В них слышалось безумное отчаяние, предсмертная тоска и жажда смерти, которую как будто удаляли нарочно, дабы продлить эти страдания. Между тем решительно ничего не было видно в полутьме лабиринта. Страшные звуки выходили как будто из глубины. По крайней мере, все трое витязей были уверены, что они слышат их у себя под ногами.

- Клянусь Одином, - вскричал Освальд, - так не ревут и пикты, когда их поражают секиры берсерков. Вероятно, в подземелье Святовита не сладко тем, кто туда попадает Они стояли, не двигаясь. Непонятный ужас приковал их ноги к холодному полу. Нонне тоже остановился и, полуобернувшись, с насмешкой сказал:

- Ты прав, ярл! Великий Святовит бесконечно милостив к тем, кто ему покорен, и не знает пощады к врагам. Он мстит противящемуся ему и при жизни, и в мире теней, где он царствует так же, как и на земле. Не хотите ли взглянуть на обреченных?

- Нет, нет, Нонне! - вскричал Владимир. - Молю тебя, избавь нас. Долгий путь и без того истомил наши тела, и отдых необходим нам. Веди нас скорее прочь. Эти вопли растерзали мое сердце.

Но Нонне был неумолим.

- Я должен показать вам жертвы Святовита, - произнес он, - мы находимся как раз около обреченных.

Добрыня незаметно дернул племянника за рукав, как бы указывая, что необходимо повиноваться желанию кровожадного жреца.

Владимир понял, что хотел выразить дядя.

- Так показывай скорее все, что хочешь, - согласился он, - только, говорю, скорее.

Жрец сделал едва заметное движение рукою, и вдруг сразу

пропала одна из стен лабиринта. Стало светло, и в некотором отдалении от себя, но гораздо ниже своих ног, гости Белы увидали несколько человеческих существ - человеческих лишь потому, что они фигурою были похожи на людей. Одно из этих существ было распято на двух скрещенных друг с другом бревнах. Из бесчисленных надрезов на теле крупными каплями струилась кровь. Другое существо, также обнаженное, было заключено в клетку с железными прутьями. Оно кричало и ревело, делая страшные и, казалось, совершенно бессмысленные прыжки. Прутья клетки были раскалены и краснели, вспыхивая то и дело огоньками. Владимир понял, что пол клетки нагревался и это было причиной бессмысленного прыганья несчастного страдальца. Как ни крепки были нервы этого молодого, но уже закаленного в боях человека, он все-таки не мог вынести ужасного зрелища и отвернулся. Освальд, еще более крепкий, чем новгородский князь, тоже стоял, закрыв лицо ладонями рук. Один Добрыня совершенно равнодушно смотрел на происходивший перед его глазами ужас.

- Скажи, Нонне, - тихо, несколько дрожащим голосом спросил Владимир, - что сделали эти люди? Какая вина обрекла их на эти пытки?

- Это христиане! - злобно хохоча, вскричал Нонне. - Этих людей Святовит ненавидит более всех врагов. Муки их - наслаждение ему.

- Христиане. Христиане, - пробормотал Владимир.

Он хотел еще что-то сказать, но Добрыня опять остановил его.

- Да полно тебе, жрец, путать-то нас, - проговорил он, - уж не думаешь ли ты, что такие ваши дела, - кивнул Малкович в сторону несчастных страдальцев, - так устрашат нас, что заробеем. Поди скажи твоему Беле, что нас пугать нечего. Мы пришли к вам в Аркону по доброй воле, и договор наш тоже да будет заключен добровольно. Страхи же ваши нам нипочем. Веди нас далее.

На этот раз голос старого витязя звучал уже далеко не шуточной угрозой. Притом же Добрыня, произнося последние свои слова, так повел плечами, что даже Нонне вздрогнул. Жрец привык к подобострастию со стороны тех, кто являлся с просьбами о помощи к их повелителю Беле. Но этот славянин заговорил скорее угрожающе, и Нонне, получивший от Белы подробные инструкции, несколько рассердился. Ему в самом деле приказано было показать гостям ужасное зрелище. Бела рассчитывал, что пришельцы устрашатся и пойдут на все те условия, которые он поставил бы им.

Однако он строго приказал своему слуге-жрецу не прибегать ни к каким крайним мерам, а лишь наблюдать за тем впечатлением, которое произведет на гостей страшное кровавое зрелище.

Теперь Нонне видел, что благодаря хладнокровию Добрыни впечатление произведено самое слабое. Недовольный самим собою, он трижды хлопнул в ладоши, и стена мгновенно закрылась без всякого шума, как будто чьи-то невидимые руки поспешно запахнули ее.

- Вот так-то лучше, Нонне, - воскликнул Освальд, - теперь веди нас скорее. Думаю, что конец этим вашим проклятым переходам скоро.

- Путь познается по своему концу! - и насмешливо, и загадочно произнес в ответ старый жрец.

На этот раз Добрыня промолчал.

Идти им теперь, и в самом деле, пришлось недолго. Нонне вдруг скрылся совсем из глаз, потом распахнулись невидимые завесы стены, и трое витязей очутились в огромном зале, слабо освещавшемся небольшими окнами наверху и огнем в огромном очаге, устроенном в одном из углов. Стены угрюмого зала были завешаны звериными, шерстью вверх, шкурами, между ними были прикреплены огромные развесистые турьи рога, оставленные на выветрившихся и совершенно белых черепах. Посреди зала, ближе к очагу, стоял длинный, узкий стол и около него высокие, дубовые, покрытые шкурами скамьи. В конце стола, чуть поодаль от него, на возвышении, установлено было кресло-трон с высокой спинкой и мягким сидением. Когда вошли витязи, кресло уже было занято. На нем восседал старый Бела, казавшийся издали, благодаря своей одежде, белым пятном. Около него стояли двое молодых жрецов, а у возвышения - четверо рослых и красивых воина Святовита, также в белых длинных одеяниях, в медных, ярко блестевших латах. Двое держали остриями книзу длинные тяжелые мечи, остальные - массивные секиры на плечах. Головы воинов не были прикрыты; русые волосы волнами падали на плечи. Дружинники стояли неподвижно, как изваяние. Вся эта группа, со старцем в центре, была красива, и Владимир, как более впечатлительный, невольно залюбовался ею так, что даже забыл поклониться при входе старому жрецу Святовита.

Бела заметил, какое впечатление произвел он на славянского князя, и слабо улыбнулся.

- Приди ко мне, о юный, - произнес он, протягивая к Владимиру руки, - еще раз приветствую тебя, ибо я опять вопрошал Святовита и Святовит снова остался доволен твоим прибытием на остров!

Славянский князь почтительно приблизился к трону жреца и преклонил колено.

- Отец, - с порывом сказал он, - я вижу, что ты полон доброжелательства к нам! Мне показалось, что, когда расстались мы, на лице твоем появилась тень гнева, но теперь твои слова рассеяли мои подозрения.

- Не может быть гнева на тех, к кому благоволит Святовит, - возразил Бела. - Витязи, - обратился он к Добрыне и Освальду, - займите места за столом, и чтобы вам не было скучно, я призову для беседы с вами начальников Святовитовых дружин, ты же, Владимир, сядь около меня, и когда утолишь свой голод и жажду, мы будем говорить с тобой обо всем, что тебе по душе.

Бела громко хлопнул в ладоши. Двое молодых жрецов, явившихся как из-под земли, установили несколько ниже его трона небольшой столик со всевозможными яствами. Яства, но в большем количестве, появились и на главном столе. Пока подавали их, зал наполнялся воинами-жрецами. Все эти люди были с виду могучи, красивы. Стариков между ними не было, даже пожилых виднелось очень немного. Подходя к столу, они кланялись в пояс Добрыне и Освальду и только после этого занимали свои места. Добрыня Малкович отвечал им степенным поклоном, а сам все старался подобраться к краю стола. Старому витязю хотелось быть поближе к племяннику, и он преуспел в этом. Уловку его не заметил даже Бела, все свое внимание обративший на Владимира, и, наконец, Добрыня ухитрился пристроиться за столом так, что ему было слышно каждое слово из разговора племянника с арконским жрецом.

По знаку Белы начался пир. Все вставали со своих мест и низким, поясным поклоном приветствовали жреца. В этот момент раздались тихие, приглушенные далью звуки рогов, к которым скоро присоединились невидимые лютни, где-то послышалось согласное красивое пение скрытого от глаз пирующих хора. Все же за столом молчали, даже не слышно было звона кубков.

- Клянусь Перуном, Одином, самим Святовитом, наконец, - воскликнул Владимир, - мне это пение нравится более, чем то, которое я слышал по дороге сюда!

- Что ты хочешь сказать, дитя? - ласково спросил Бела, взглядывая на славянского князя.

- Твой Нонне зачем-то привел нас туда, где мучаются христиане.

- Д-а-а! - протяжно произнес жрец. - И что же?

- Я подумал, что нехорошо очутиться на их месте!

- Еще бы! - усмехнулся старец.

- Но за что они так мучаются?

- Ты хочешь это знать?

- Да! Нонне что-то такое говорил мне. Будто они враги Святовита, и их муки доставляют ему удовольствие. Может ли это быть? Я видел этих людей. Они кротки, в особенности их жрецы, толкуют о какой-то любви и неохотно берутся за меч. За что же страдают они? Я понимаю битву. Это другое дело. Тогда есть сладость борьбы, а за ней и счастье победы. Полна наслаждения удовлетворенная месть. Но что сладкого в том, чтобы пленить людей и терзать их тело?

Владимир и не замечал, что по мере того, как текла его речь, хмурился арконский жрец.

- Ты очень молод, сын мой, - вымолвил, прерывая его, Бела, - и многое в жизни действительно непонятно тебе. Нет у Святовита, у Перуна, у Сварога, Одина врагов земных более сильных, чем христиане. Всюду, где ни появляются они, рассеивается слава богов, которым поклонялись целые поколения наших предков. Христиане возвещают новую жизнь, а зачем она, эта жизнь, когда народ счастлив? Разве не прославил себя и свой народ конунг Олав своими бесчисленными победами? Имя его гремело повсюду. Но как только около него появились христиане, он забыл о победах и слушает их речи, а народ его беднеет и не находит себе пищи для существования. А речи их лживы. Они говорят о добре и какой-то любви людей, а что делают сами? Вот и ты пострадал и страдаешь от них.

- Как так? - вскричал Владимир.

- Тебе лучше это знать, лучше, чем кому другому!

- Ничего не знаю. Моя бабка Ольга была христианкой, и я никогда не видал от нее никакого зла. Это скажет и Добрыня!

Малкович, услыхав свое имя, приподнялся и перешел к столу, за которым сидел его племянник.

- Ты что-то говоришь обо мне? - сказал он.

- Да! Вот скажи Беле, что бабка Ольга, хотя и умерла христианкой, а лучше ее не было на свете женщины.

Добрыня крякнул.

- Ты уж позволь, отец Бела, присесть с вами, - говорил он, подвигая высокий табурет, - слышу я, поминаете вы мое имя, так думаю, что уже и мне лучше быть здесь.

Глаза арконского жреца блеснули гневом.

Среди дружинников, сидевших за пышным столом, прошел шепот. Им показалось оскорбительным для их властелина бесцеремонная выходка славянского витязя, но тот не обратил внимания ни на грозные взгляды Белы, ни на ропот его воинов.

- Ты, отец Бела, не гневайся, - говорил Добрыня, принимаясь за кубок с вином, - сам ты виноват, что меня за задний стол пересадил. Не место мне, княжьему дяде, там. Вот я и перешел сюда. Все равно без меня с племянником ничего не решишь, и толковать-то со мной придется!

- Отец Бела, - просительно сказал Владимир, - дядя Добрыня мне вместо отца, и нехорошо ему на пиру ниже меня быть!

Лицо жреца несколько прояснилось.

- Это хорошо, что ты за своих заступаешься! - сказал он. - Пусть Малкович с нами будет. Я знаю, что он воин храбрый и советник хороший.

- Вот так и давно бы тебе! - промолвил, слегка усмехаясь, Добрыня. - Вот что, отец Бела, ты княгиню Ольгу хаять оставь: мудрая она была, недаром по вещему Олегу имя свое носила. Про христиан тоже ничего не скажу. Есть и среди них храбрые воины.

Бела опять нахмурился. Очевидно, он не мог выносить, когда при нем хвалили христиан.

- Много христиан развелось в Киеве, - произнес он, - и они погубят весь народ славянский. Они уже просветили Ярополка и подстрекнули его убить Олега.

- Не может быть того! - воскликнул Владимир.

- Ты думаешь? - холодно сказал Бела, взглядывая в упор на Владимира. - Олег и ты никогда не поддались бы им, а Ярополк склонился на их сторону. Он позволяет христианским жрецам обращать в свою веру киевский народ. Олег не позволил бы этого. Ты тоже. Вот вас и нужно было устранить, чтобы Ярополк остался один княжить. О, они хитры! Олег пал, ты изгнанник. Ярополк поддался христианам.

- Я вернусь, - закричал Владимир, - и горе всем им!

Глаза его искрились гневом, слова будто через силу вырывались из груди.

- Кому им? - спросил Бела.

- Им! Ярополку и христианам.

- И ты не отступишься от своих слов?

- Клянусь, нет!

- Тогда, сын мой, ты можешь рассчитывать на помощь

Святовита! - торжественно проговорил жрец. - Я дам тебе дружину и помогу тебе в твоей мести!

Он протянул руку славянскому князю, как бы подтверждая этим свое обещание.

6

ДОГОВОР

Очевидно, Бела совершенно изменил свои взгляды на Добрыню.

Вскоре вместе с ним он удалился из зала, оставив Владимира пировать со своими воинами. Сын Святослава между тем скоро развеселился. Обещание арконского жреца ободрило его. Он сильно побаивался, что им с Добрыней не удастся добыть на Рюгене дружины, теперь эти опасения рассеялись. С уходом Белы все вдруг повеселели. Завязался разговор, воины уже не только что непринужденно разговаривали, но и смеялись. Забыта была даже выходка Добрыни Марковича, тем более, что все видели, как жрец оказал ему внимание.

К Владимиру относились все с большим почтением.

После того как Бела открыто пообещал ему помощь, в нем видели вождя предстоящего похода в новые, не истощенные еще предшествовавшими грабежами земли, а поэтому теперь уже многие старались обратить на себя его внимание.

В то же самое время Бела и Добрыня в отдаленном покое вели между собою вполне откровенный разговор.

- Помощь-то ты обещал нам, отец Бела, - говорил Добрыня Малкович, непринужденно рассевшись пред жрецом на дубовой скамье, - а вот не сказал одного, что ты получить с нас пожелаешь?

- А то, что вы исполнить можете, - был ответ.

- Еще бы ты запросил, чего сделать нельзя, - усмехнулся Добрыня. - Да ты обиняками-то не говори. Условимся сразу - и конец всему!

- Помогу я вам, - вдруг пылко и страстно заговорил арконский жрец, - помогу так, что и теперь уже за ваш успех поручусь, а вы пообещайте мне лишь одно: что не заведете на вашей Руси христианство и всех христиан изгоните из вашей земли.

- Только-то?

- Если и это исполните, хорошо будет!

- А и не любишь ты, Бела, христиан!

Жрец злобно рассмеялся.

- Мне полюбить их?! - воскликнул он. - Рюген и все морское побережье, где живут мои венды, было подвластно Святовиту. В землях наших не было никого, кто осмелился бы усомниться в могуществе Святовита, и вот я вижу, что везде стала слабеть вера в богов, что люди перестают бояться их кары, не прибегают к нам, служителям божества. Я уже теперь не имею той силы и власти, какая была у меня недавно. Все рушится, все отпадает от старины, и виною этому христиане. Они везде заводят свои новые порядки. В землях франков, аллеманов, на острове саксов и пиктов исчезли совсем друиды, и только случайно уцелевшие руны кое-где еще свидетельствуют об их недавнем могуществе. О древних богах и говорить нечего. Тверд был среди народов славянских Святовит, но теперь, слышно, и они отказываются от старых богов. Ляхи уже становятся христианами; осталась Русь ваша, но и в нее вошло христианство. Правда, оно идет к вам с Востока, из Византии, но это все равно. Если оно укрепится на вашем Днепре, то оттуда разольется везде по землям, где живете вы, славяне, и тогда пропадет Святовит, а с ним и Аркона, и мой Рюген потеряют все, всю власть, какую имели до сих пор. Я уже знаю, Олав, конунг Норвежский, подчиняясь христианским жрецам, задумывает поход на Аркону. Он разрушит храм Святовита, убьет его белого коня, подчинит весь Рюген своей власти. Тогда всюду здесь появятся храмы христианского Бога, и у меня не будет силы защитить мое божество, которому я служу всю мою долгую жизнь. Вот почему я хочу, чтобы твой Владимир стал киевским князем. Он будет в Киеве и не пропустит христианских жрецов на Русь. Тогда Рюген будет спасен.

- А если пропустит? Если и сам станет христианином? - сказал Добрыня.

- Этого не будет!

- Как знать будущее.

- Не будет! Я поставлю его киевским князем, я же и уничтожу его, если он или ты осмелитесь изменить своему обещанию. Разве не мои дружины пойдут с вами? Разве не будет у меня могучих приверженцев в нашем Киеве? Я даю, я могу взять и назад данное.

"Ого, вот ты как, - подумал Добрыня, - я бы на твоем месте так говорить не стал! А еще считаешься мудрецом!"

Бела не заметил его насмешливого взгляда.

- Итак, - с прежним увлечением продолжал он, - я помогу вам, я отдам вам голову Ярополка, потому что он никогда не будет служить нам. Вы же всегда будете моими союзниками. С помощью вас я изгоню христиан со всей Славянщины и всюду восстановлю старых богов, и опять народы будут счастливы по-прежнему. Когда же исполнится это, я соединю всех славян под властью киевского князя; всех славян, слышишь ли, витязь? И славяне пойдут повсюду, где умами и сердцами людей овладели христианские жрецы, и станут изгонять их, разрушать храмы их Бога, и будет тогда мой Святовит царить повсюду!

- Это не худо! - согласился Малкович.

- И ты с племянником будете служить мне.

- Коли только в том дело, чтобы христиан не пустить да вашей Арконе помощь подать, тогда и говорить нечего: конечно, будем! Сказать по правде, нам что Перун, что Святовит - все равно.

- Нет, Перун у вас был, пусть и останется.

- И то ладно! А христиане... Да пусть они пропадут!

Добрыня становился с каждой минутой все веселее.

Он даже и помыслить не смел, чтобы Бела поставил такие легкие условия своей помощи. Теперь его интересовал вопрос, сколько даст дружинников ему арконский жрец.

- Отдам хоть всю норвежскую дружину! - ответил Бела, когда Малкович спросил его об этом.

Тут Добрыня несколько стал в тупик. Он прекрасно знал, что варяги служат у арконского жреца по найму.

"Видно, их срок близок к концу, - вдруг сообразил он. - Да это все равно, лишь бы в Новгород придти, а там и мы найдем, чем варягам платить! Полоцкая земля недалеко. Рогвольдовой казной все заплатим".

Однако он и виду не подал, что догадывается о близости срока окончания службы наемных войск Арконы.

- Так по рукам тогда, отец Бела? - сказал он.

- А будет ли твой Владимир согласен на мои условия? - спросил осторожный Бела.

- Ну, еще бы. Он хоть так про христиан говорил, а сам их не любит.

- Тогда пусть он даст клятву, а ты будь за него поручителем.

- Чем угодно, поклянемся оба, - немедленно согласился

Добрыня, - хоть Перуном самим, все равно. Только ты не держи нас.

- Не буду держать. Ярополк усиливается.

Малкович лукаво посмотрел на жреца.

- А как же ты хотел выдать нам его с головой?

- И выдам. Он сам придет к вам.

- Ой ли, отец! Ярополка-то я с детства знаю, простоват он, что и говорить, а все-таки кто же сам на свою погибель пойдет.

- Увидите! - коротко сказал Бела и устало закрыл глаза. Добрыня встал со скамьи.

- Притомился ты, отец, - сказал он, - да и я тоже. Пусть племянник веселится, а меня на покой отпусти. Обо всем, кажись, мы с тобой переговорили.

Не открывая глаз, Бела кивнул головою и хлопнул в ладоши. Появившемуся на зов служителю он приказал проводить витязя в приготовленный для него покой; но лишь только он остался один, выражение усталости исчезло с его лица, и он громко закричал:

- Нонне, Нонне!

Нонне ждал этого зова где-то совсем близко. Он явился мгновенно.

- Ты был здесь, Нонне? - с живостью спросил его Бела. - Ты слышал наш разговор?

- Слышал, великий отец.

- Что ты скажешь?

- Прости, великий, я не понимаю, зачем ты говорил этому варвару, почему тебе нужно, чтобы Владимир сел в Киеве? Не может ли он подумать, что мы нуждаемся в их помощи, а не они в нашей? Не вообразят ли они, что мы погибаем и не можем найти нигде себе союзников, кроме них, потому и беремся помогать им?

Бела грустно покачал головою.

- Нонне, ты думаешь, что этот варвар глуп?

- Думаю так, великий отец.

- Тогда я скажу, что ты ошибаешься. Он княжий советник, и князь Святослав поручал ему и управление государством, и переговоры с неприятелем. Знаешь ли ты, вот этот Добрыня не раз обходил хитрецов-византийцев, а о других и говорить нечего.

- Но ты принял его неласково и сначала совсем не говорил с ним.

- Я должен был приглядеться к нему, понять, каков он с Владимиром. Недаром я живу столько лет на свете. Когда этот юноша сказал, что Добрыня ему вместо отца, я понял, что он действительно находится под его влиянием. И вот теперь нам нужно перехитрить его. Необходимо, чтобы около Владимира, когда он станет киевским князем, был у нас свой человек, который стал бы его ближайшим советником. Ты знаешь ли воеводу Блуда?

- Воеводу Ярополка?

- Да. Вот я хочу, чтобы он занял при Владимире место Добрыни. Блуд давно уже там. Он ненавидит христиан, ненавидит и Ярополка. Если он будет при Владимире, вся Русь будет покорна нам и поможет отстоять Рюген от Олава.

- Великий отец, - воскликнул Нонне, - разве так грозна опасность?

- Нонне, Нонне! Или ты не знаешь, что Олав - владыка, каких еще не бывало на свете? Он храбрее всех конунгов, даже храбрее великого Кнута. И он, как донесли мне преданные люди, даже во сне грезит, как бы низвергнуть Святовита. Вся наша надежда на русских славян. Вот почему я и принял этих двух изгнанников так, как никогда еще не принимал конунгов и герцогов. Но не хитро взять, нужно еще и удержать взятое. Вот это труднее всего. Настало, Нонне, время послужить тебе!

- Приказывай, великий отец, - склонился старик, - тебе известна моя преданность Святовиту и тебе! Все будет исполнено, что бы ни повелел ты, разве смерть остановит мои дни.

- Я потому-то так и надеюсь на тебя, Нонне. Я скоро пошлю тебя на Днепр, в Киев. Жрецы Перуна - наши друзья и слуги. Я укажу тебе, как ты должен действовать и на что направлять воеводу Блуда. Ярополк должен погибнуть, но виновником его гибели должен стать Владимир. Это необходимо. Ты пойдешь отдельно от Владимира, так, чтобы он даже не знал о твоем появлении на Днепре. Иди под видом купца. Жрецы Перуна примут тебя, как родного.

- Когда прикажешь мне приготовиться в путь, великий отец? - спросил Нонне.

- Сперва отпустим их. Завтра выведу коня Святовита и покажу рюгенскому народу его знамя. Немедленно отпущу чужестранцев. Они пойдут морским путем, ты же проберешься по суше. Теперь иди. Нет, постой. Что эти христиане?

- Я показывал их пришельцам.

- А что они?

- Они не обратили даже внимания и поспешили пройти мимо. Добрыня даже обличал меня в том, что я хочу поразить их ужасом.

- Видишь, как проницателен этот славянин. Иди же, мой

Нонне, мне нужно остаться одному. Многое нужно обдумать, многое подготовить в путь; да хранят тебя Святовит и все подвластные ему боги.

Нонне низко поклонился Беле и исчез за звериными шкурами, покрывавшими стены. Старый жрец остался один. Глубокая задумчивость овладела им. Губы тихо шептали какие-то слова.

Наконец Бела глубоко вздохнул и громко заговорил сам с собою:

- Да, настало время последней борьбы. Кто одолеет: Святовит или Бог христиан? Я буду бороться до последнего своего издыхания. Пусть только Владимир сядет в Киеве! Я окружу его своими слугами, моя дружина будет всегда около него, и горе ему, если только он осмелится ослушаться моих повелений, выйти из моей воли! Я сумею уничтожить его и поставлю киевским князем кого захочу. Христиане никогда не одолеют славянского Перуна, и Русь будет моей защитницей. Тогда берегись, Олав! Тебе не одолеть этого народа, он сам одолеет тебя и твоих. Только бы удалось все так, как задумано мною.

Старик заметно волновался. Он поднялся со своего кресла-трона и большими шагами прошел по покою. Тревога овладела его душой, думы, одна мрачнее другой, волновали его, но он не поддавался тяжелым мыслям.

- Нет, Святовит должен победить всех своих врагов, иначе погибнем и мы! - восклицал старик, и глаза его светились ненавистью.

7

КОНЬ СВЯТОВИТА

Громкие звуки рогов заставили на следующее утро Владимира открыть глаза и стряхнуть дремоту. В эту ночь он спал крепко. Усталость после пути, веселый пир, закончившийся поздно ночью, множество новых впечатлений усыпили молодого славянского князя так, что, проснувшись, он даже забыл, как лег в постель.

Молодость сказалась. Сейчас же Владимир поднялся на ноги и огляделся вокруг. У противоположной стены на составленных вместе широких скамьях спал, сладко похрапывая во сне, Добрыня. Племянник поспешил разбудить его. Теперь он припомнил, что, возвратившись с пиру, он уже застал его здесь крепко спавшим. Он еще тогда хотел разбудить его, но сон старого богатыря был так крепок, что, повозившись около него, Владимир сам поспешил улечься в постель.

"Если так, - подумал он, - Добрыня сделал все, и старый Бела несомненно на нашей стороне".

Звуки рогов между тем не смолкали. Шум все возрастал. В спальном покое появился жрец.

- Великий Бела, любимый слуга Святовита, - произнес он, кланяясь Владимиру, - просил своих гостей сойти к нему для последней беседы.

Добрыня, спавший до того, как убитый, услыхав голос чужого человека, сразу поднялся со своего ложа.

- Скажи отцу Беле, - обратился он к жрецу, - что мы сейчас будем.

Богатырь встал, потянулся, зевнул и, повернувшись к племяннику, произнес:

- Мы уже покончили с Белой. Он дает нам свои варяжские дружины и за это требует лишь одного, чтобы ты, когда станешь киевским князем, не принимал христиан, а тех, которые уже живут на Руси, прогнал бы.

- Только-то и всего, - вскричал Владимир, - не верится мне что-то!

- А ты поверь, - отвечал Малкович, делая в то же время племяннику знаки глазами, - старый Бела полюбил тебя, как сына, вот и хочет тебе помочь. Я уже сказал, что его условие я принимаю. Пойдем скорее к нему, и подтверди сам мое обещание.

Владимир понял, что Добрыня не хочет вести подробного разговора, и молча кивнул ему головою в знак своего согласия.

Между тем у ворот жреческого города собралось чуть ли не все окрестное население. Рюгенцы сходились толпами. На острове было уже известно, что в это утро будет вынесено из храма знамя Святовита. Давно не появлялось оно перед толпою, и островитяне радовались, так как этот ритуал свидетельствовал о скорой войне с врагами их бога, а такие войны, в сущности сводившейся к разбойничьим набегам на соседние страны, всегда обогащали жителей Рюгена, ибо отправлявшиеся в походы воины возвращались не иначе, как с хорошей добычей.

- На кого пошлет Святовит свои дружины? - слышались в толпах вопросы.

- Говорят, что воины пойдут в славянские земли. Там много скопилось богатств.
- Неужели на Новгород?
- Кто знает это? Может быть, на Киев.
- В Киеве богатства больше. Туда идти бы.

В это время растворились ворота жреческого города, и толпы волнами хлынули в них. На площади перед храмом нестройными рядами стояли варяжские дружины. Тут были и рюгенские варяги, и варяги, прибывшие с гостями Белы. Эрик, Ингелот, Руар и Оскар стояли в первых рядах. Все эти воины, обыкновенно шумливые, теперь сохраняли тишину и спокойствие. Их лица были как никогда серьезны и важны. Они все ожидали решительного мгновения. Когда будет вынесено знамя Святовита, его жрец должен был объявить имя главного вождя похода, а вслед за тем белый конь рюгенского божества покажет, что ждет воинов на полях битвы.

От храма вплоть до подножия холма стояли шпалерами пешие и конные дружинники Святовита. Пешие разместились между всадниками и образовали блестящую красивую группу. У закрытых дверей храма полукругом расположились жрецы в своих белых одеяниях. День на этот раз выдался светлый и даже солнечный. Обычный на Рюгене туман рассеялся, и даже видно было небо, покрытое быстро плывущими сероватыми облаками, море шумело без обычного своего рокота; звуки труб и рогов жрецов далеко разносились над Рюгеном.

Так прошло некоторое время. Вдруг послышалось громкое пение. Попарно, длинною вереницею вышли мальчики, певшие хвалу Святовиту. Дети были одеты в такие же длинные белые одеяния, как и остальные жрецы. За ними с длинными трубами в руках шли жрецы-юноши, дальше уже - престарелые жрецы. В конце шествия одиноко шел Нонне. Толпа приветствовала его громким приветственным кличем. Варяги ударяли мечами о щиты. Эти звуки, пение, трубы и рога - все перемешалось в один гул.

За Нонне легко выступал Владимир, с любопытством смотревший вокруг . Позади него шли Добрыня и Освальд. Их со всех сторон окружали вожди Святовитовой дружины. Блиставшие в солнечных лучах их медные нагрудники, казавшиеся золотыми шлемы, отливавшие холодным блеском стали мечи и секиры производили сильное впечатление на собравшиеся толпы рюгенского народа.

Громкие крики восторга раздавались отовсюду. В них слышались удовольствие и чувство гордости.

Как и всегда, внешняя красота увлекающе действовала на

толпу, и в сравнении с вождями Святовита, совсем остались незамеченными скромные, просто одетые славянские и норманнские витязи.

Шествие растянулось так, что, когда дети поднялись на холм и занимали места рядом со стоявшими перед храмом жрецами, гости Святовита и окружавшие их дружинники только-только подходили к подножию холма.

Наконец, и они, провожаемые ни на мгновение не смолкавшими криками, поднялись на площадку перед храмом и заняли места во главе дружинников, стоявших шпалерами.

Пред закрытыми дверями остался один Нонне. Он поднял руки над головой и громко воскликнул:

- Святовит, Святовит, Святовит!

В насупившей сразу тишине эхом перекатился этот призыв. Ответа на него не было.

- Святовит, - взывал Нонне, - явись!

- Святовит, Святовит! - воскликнуло сразу несколько тысяч голосов. - Явись, явись!

Вдруг что-то блеснуло над холмом. Сотни труб, рогов загудели все в одно мгновенье. Ворота храма распахнулись. Все, кто стоял у подножия холма, как подкошенные, пали ниц.

В открывшихся воротах ясно был виден блиставший на солнце уродливый истукан. Он представлял собой грубо сделанную гигантскую фигуру человека с одной поднятою, а другой опущенной рукой. Венок из длинных игл, изображавших молнии, окружал голову идола. В поднятой руке он держал огромных размеров рог, в опущенной - исполинский меч.

Это был Святовит, божество славян-вендов.

У подножия истукана стоял старый Бела, казавшийся маленьким в сравнении с гигантским идолом. Левой рукой Бела указывал на Святовита, правая простерта была по направлению к народу.

- Вот Святовит! - воскликнул он.

- Вот Святовит! - эхом повторил стоявший перед храмом Нонне.

- Вот Святовит, вот бог! - крикнули разом дружинники.

Крик их подхватила толпа. Неистовый восторг объял рюгенцев; они кричали, шумели, даже рыдали. Слышалось безумие в этой массе звуков. Варяги и те были увлечены общим порывом.

- Святовит, Святовит! - неистово кричали они, колотя мечами по щитам.

Бела вышел на площадку пред храмом, и едва он

переступил через через его порог, невидимые руки задернули истукан темною, непроницаемою для глаз завесою. В то же время в храм вошел Нонне с двумя вождями святовитовых дружин.

- Народ рюгенский, варяги, гости и служители Святовита! - отчетливо, громко заговорил Бела с высоты холма. - Настал великий час. В ночь на сегодняшний день я, как и всегда, молился и приносил священные жертвы грозному Святовиту. Громко выл ветер, и рокотало неспокойное море. И вот я видел, как ожил Святовит. Он был страшен. Молнии сверкали из его очей, клубы огня и дыма вырывались из его уст. Меч в его руке звенел, и заржал белый конь, чуя приближение своего господина. Я в страхе пал ниц на землю. В это время Святовит воссел на своего коня. Сами собою отворились двери храма, и грозный бог помчался по воздуху, рассекая его своим мечом. Я же лежал, не смея шевельнуться, и пробыл я словно в забытьи, пока не вернулся Святовит в свое жилище. Я услышал его тяжелое дыхание, храп его утомленного коня. "Бела, любимый слуга мой! - сказал мне подобным грому голосом Святовит. - Не страшись, ибо я люблю тебя. Когда настанет день, возвести народу моему, что пришло время поднять меч на врагов моих. Я уже был среди них и обрек их на жертву моему воинству. Пусть дружины мои идут смело, их ждет победа, ибо я буду с ними". "Куда же повелишь идти дружинам твоим, о грозный?" - осмелился спросить я. "Пусть идут в славянские земли, на Русь, - отвечал мне Святовит. - Там города полны бранной добычей, которая будет наградою моим воинам за их труды. Там укрепляются мои враги-христиане, и пусть мои воины уничтожат их. Так я хочу, и да будет так. В знак же того, что такова моя воля, покажи народу моему мое знамя. Кто же ослушается, страшную смерть на того пошлю я". Так говорил мне Святовит. Голос его был подобен то реву ветра, то дыханию легкого утреннего ветерка. Лишь когда стихли божеские слова, осмелился я поднять с земли голову. Все было по-прежнему. По-прежнему был неподвижен бог, и лишь глаза его сверкали тысячами молний. И вот я спешу исполнить волю Святовита и объявляю вам ее. Вот знамя Святовита. Смотрите!

Трубы и рога возвестили появление этой реликвии. Снова пали на колени все стоявшие пред холмом рюгенцы, и даже варяги преклонили до земли свои головы. В это мгновение из храма выдвинулся старый Нонне. Два вождя несли за ним огромное разноцветное знамя-хоругвь, прикрепленное к длинному древку. Знамя состояло из длинных полотнищ, сшитых между собой. Сверху древко кончалось грубым изображением рюгенского божества.

- Смотрите, смотрите, - кричал Нонне, - вот знамя Святовита, грозного повелителя Рюгена!

Опять раздались трубные звуки. Теперь и дружинники Святовита ударили мечами по своим щитам. Слышались звон, стук, громкие крики. Толпа так и ревела от восторга. Завеса, скрывавшая истукана, была отдернута опять, и Святовит во всем своем блеске появился пред народом.

- Послужим великому Святовиту! - гремели голоса.

- Покорим под его властью славянские земли!

- Да здравствует Бела, любимый слуга Святовита!

Старый жрец стоял под самым знаменем, придерживаясь за его полотнище. Он молчал, выжидая, пока пройдут первые восторги толпы.

- Народ рюгенский! - громко возгласил он, когда водворилась некоторая тишина. - Настало время. Сообщу вам еще одну волю нашего властелина.

- Слушаем, слушаем! - раздались крики.

- Когда я приносил Святовиту последние утренние жертвы, дух познавания грядущего снизошел на меня. И увидел я в жертвенном дыму всякие земли, покоренные во славу Святовита его воинами. Всюду в этих новых странах, ставших подвластными нам, восхвалялось имя нашего повелителя; обитатели этих стран несли свою дань в нашу казну и ставили могучих воинов в дружины Рюгена. И вопросил я в недоумении: "О, великий Святовит! Открой мне, кто должен все это сделать, кто покорит новые земли под твою священную власть, кто поведет твои дружины по твоим следам?" И мне было видение. В жертвенном дыму увидел я молодого и могучего вождя. Он не был из рюгенского народа, но славянин и могуществен. И я узнал его, этого вождя-чужеземца. Он - в числе гостей, прибывших на Рюген. И смутился я духом моим и вопрошал божество: "О всемогущий владыка Святовит, как может случиться, что чужой вождь станет во главе твоих дружин?" И слышал я голос божества: "Неразумный и маловерный! Не я ли привел к Рюгену драккары этого вождя, плывшие по бурному морю? Не я ли по вступлении его на мою землю показал тебе в дыму моих жертв, что угоден он мне, этот вождь? Ты же усомнился теперь. Горе, горе тебе, горе всему рюгенскому народу, если не будет исполнена моя воля. Пусть дружины изберут пришельца вождем своим, и ты выведи пред ними моего белого коня. Проведи его по копьям, и дам я знаменье, что успех ждет моих воинов под его начальством".

Голос смолк, и я пал ниц, умоляя властелина помиловать и меня, и рюгенский народ, если согрешил я своими сомнениями. Такова воля божества, а вот и вождь-пришелец, которого Святовит желает поставить во главе своих дружин.

По знаку Белы Нонне взял за руку Владимира и вывел его пред народом. Несколько мгновений прошло в гробовом молчании. Тысячи пар глаз с любопытством устремились на молодого славянского князя.

Владимир стоял перед народом, гордо откинув назад голову и осматривая все вокруг властным взором. Наконец, среди толпы пронесся сперва чуть слышный шепот, вскоре разросшийся в громкий гул голосов.

Первыми заговорили варяги.

- Лучшего вождя и не надобно! - воскликнул Эрик. - Клянусь Тором, с ним нас ждет победа. Он в славянских землях свой и поведет нас знакомыми путями.

- Пусть я не буду сыном своей матери, - отозвался Икмор, - если наш Эрик не прав! Взгляните на него: таких воинов мало и у Олава. Как он горд, как он могуществен!

- Да здравствует Владимир, конунг славянский! - вторя своим вождям, воскликнула варяжская дружина.

- На щит его! Поднимите его на щит!

- На щит его! Да будет он вождем нашим!

- Слышишь, Владимир? - положил Бела руку на плечо славянского князя. - Тебя варяжские дружины избирают своим вождем. Я сделаю все. Исполнишь ли ты свои обещания?

- Исполню, - ответил тот, - лишь бы мне отомстить за кровь брата и сесть в Киеве.

- Помни только, я тебе даю, я и возьму!

Пока они говорили, словно живая волна всплеснулась на вершину холма. Это с громкими кличами взобрались среди рядов дружинников и жрецов беспорядочною толпою рюгенские варяги и прибывшие накануне скандинавы. Разом Владимир был приподнят с земли десятками дюжих рук. Еще мгновение и, поднятый на щит, он возвысился и над жрецами, и над толпами народа. Опять смешались в один нестройный хаос звуков звон мечей, щитов, громкий клич, и лишь по знаку Белы на мгновение водворилась тишина.

- Народ рюгенский и вы, варяги и норманны, - воскликнул Бела, - взгляните, вот вождь Святовита!

- Да здравствует вождь! - как один человек ответила толпа. - Да здравствует!

С торжественными криками спустили Владимира варяги

на щите с выси храма и понесли его между волнами народа, громко восклицая:

- Кто против избранного вождя, пусть выйдет!

Никто не выступил.

Слово Белы было для рюгенцев священно.

- Друзья, товарищи, воины, - воскликнул Владимир, когда варяги, все еще держа его на щите, стали так, что он очутился в живом кольце своих воинов, - клянусь, что поведу вас к великим победам! Клянусь делить с вами все труды, лишения и опасности походов и битв и свою долю добычи ратной теперь же отдаю вам всю целиком!

Варяги закричали от восторга.

- Да здравствует наш конунг! Да здравствует, - гремели они, - веди нас на врагов! Победим, победим!

- Коня! Пусть Бела выведет коня Святовита! - кричали другие голоса.

- Бросайте копья, посмотрим, что ждет нового вождя: успех или поражение.

В храме Святовита, вблизи его истукана, всегда содержался жрецами белый, без малейшей отметины, конь. Около него всегда наготове висело седло, но его никогда не седлали. По уверениям жрецов, на этом коне разъезжал в бурные ночи по воздуху их Святовит, поражая своих врагов и намечая пути, по которому должны были идти отправлявшиеся в набеги дружины.

Этот же конь являлся предвестником воинских успехов или неуспехов во время таких набегов. Пред отправлением в поход дружинники сооружали помост из копий, укладывая их в ряд древко к древку. Потом заставляли коня Святовита ступать по ним и замечали, какою ногою он прежде вступит на копья: если правой, воинов ждет полный успех, если же левой - неудача. И теперь народ рюгенский требовал, чтобы жрецы вывели им коня и путем гадания предсказали, что ждет дружины в этом походе в страны, где никогда не были еще воины Святовита.

Дружинники Святовита поспешно бросали по скату холма свои копья. Жрецы укладывали их поплотнее, одно к другому. Бела и Нонне удалились в храм, завеса внутри которого скрывала уже истукана. Варяги и народ с напряженным вниманием следили за укладкой копий, сама собою воцарилась мертвая тишина. Слышались только звяканье железа да изредка похожий на шелест ветра шепот.

Прошло некоторое время.

Вдруг из глубины храма донеслось громкое конское ржание. Воины и народ, стоящие вокруг холма, встрепенулись и опять затихли. Ржание раздавалось все ближе и ближе. Опять распахнулась завеса, скрывавшая истукана, и в дверях Святовитова храма показался белый конь.

Это было красивое животное, выхоленное, гладкое. Голову коня украшал пук перьев, спину покрывала белая попона. Конь выступал мелкими шажками. Он поводил налитыми кровью глазами, прядал ушами, фыркал. Под уздцы его вел сам Бела, два самых сильных молодых жреца держали длинные поводья.

- Конь Святовита! - пронеслось в толпе.

На пороге храма конь, ослепленный ярким светом, остановился и громко заржал.

- Счастливое предзнаменование. Удача, удача будет! - заволновался народ.

- Правду сказал отец Бела. Правду.

- Еще бы. Сам Святовит вещает волю его устами.

- Тише, тише! Конь Святовита у копий.

Бела осторожно сводил коня. В напряженном ожидании замерли все люди.

Владимир, все еще стоящий на щите, с тревогою следил за конем. Многое теперь зависело в его судьбе от этих мгновений. Какою ногой ступит на копья Святовитов конь? Если левой - не будет в дружинах воодушевления и неохотно пойдут они за своим только что избранным вождем. Без воодушевления же нет и победы.

Вдруг вздох облегчения вырвался из груди славянского князя. Конь был близко от копий, и Владимир мог рассчитать по его шагам, что он должен вступить на копья непременно правой ногой. Бела поднял голову и взглянул с улыбкою на славянского князя.

Тотчас раздалось ржанье коня, но его заглушил громкий радостный крик толпы: Святовитов конь ступил на копья правой ногой!

Никто теперь в огромной толпе этих простодушных людей, окутанных непроглядной тьмой язычества, не сомневался в полном успехе набега, в том, что этот пришелец избран в вожди волею Святовита. Кричали в неистовом восторге и воины, и жрецы, лишь один Бела был бесстрастно спокоен.

- Народ рюгенский, норманны и варяги, - воскликнул он, - видите вы, прав я был, возвестив вам волю грозного Святовита!

- Прав, прав! - зашумела толпа. - Да здравствует Владимир, конунг славянский! Да покорит он нашему Святовиту новые страны!

ЧАСТЬ ВТОРАЯ

1

БРАТ НА БРАТА

Спустя несколько недель после происшедших на Рюгене событий в широкий пролив[10], соединявший Варяжское море с морем Нево, вошла большая флотилия остроносых драккаров.

Ветра не было, и драккары шли на веслах. Тихо плескались об их крутые бока волны, широкий след оставался за кормой. Впереди флотилии шли легкие разведочные суда, показывавшие остальным путь среди бесчисленных отмелей, то и дело выступавших из воды островов, покрытых, как шапками, густым сосновым лесом.

Судя по внешнему виду драккаров, они только что выдержали долгое морское путешествие. Краска обсыпалась с их бортов, паруса были грязны, кое-где виднелись поломки. На бортах, кормах, палубах находились воины. Одни сидели у весел, другие мирно отдыхали на внутренних скамьях, третьи с азартом бросали кости - любимая игра, заимствованная скандинавами и варягами у франков.

В середине флотилии шел один драккар - и больших размеров, и более красивый, чем остальные.

Этот корабль принадлежал вождю направлявшихся к Нево дружин - славянскому князю Владимиру, стремившемуся с рюгенскими дружинами в южную славянщину, чтобы отмстить одному брату гибель другого и самому занять место первого, став князем всей Руси, осевшей на огромном пространстве от берегов Варяжского моря до устья великой славянской реки - Днепра.

Когда варяжская флотилия вошла в полив, Владимир был на корме своего драккара. Около него, как всегда, важный, степенный, сосредоточенный, стоял его неизменный спутник и друг Добрыня Малкович.

Оба они смотрели на темневший справа от них далекий берег.

---

[10] Ныне река Нева; в IX веке она была проливом и разливалась на огромное расстояние в обе стороны.

- Там новгородская земля, - сказал, указывая на него племяннику, Добрыня.

- Да, дядя. Вижу и удручаюсь.

- Чем это?

- Тяжко идти на родину мне. Не с добром иду. Меч и огонь несу.

Добрыня сделал нетерпеливое движение.

- Постой, - остановил его племянник, - я знаю, что ты сейчас скажешь. Ты будешь уверять, что иду я мстителем, знаю я это, да ведь Ярополк-то брат мой?

- И Олег был его и твоим братом.

- Так ведь Олега погубил не столько Ярополк, сколько Свенельд-воевода.

- А зачем Ярополк слушал негодника?

- Как же не слушаться? Если бы ты вот.

- Я? Я бы сумел повернуть все так, что никто ни в чем не был бы виноват!

- Пусть будет по-твоему. Но еще тяжко мне, что я сам-то несвободным являюсь в родную землю.

- Чего же свободнее? Вон сколько воинов у нас! У кого такая дружина, тот несвободным не может быть!

- А обещание-то мое?

- Это старому Беле, что ли?

- Ему! Оно меня и по рукам, и по ногам сковывает. Ведь подумать только: если я сокрушу Ярополка и сяду в Киеве, так все-таки должен буду во всем Беле быть подчиненным. Ровно, бы на службе я у него состою. Разве я свободен?

- Дай только добыть Киев, а там мы и от Белы отделаемся. Все ведь я тебе говорил, чего там, на Рюгене, сказать было нельзя, ибо везде там были уши и каждое слово, какое скажешь, сейчас Беле переносилось. Что же ты думаешь, простаки мы? Пусть только нам помогут рюгенские дружины изничтожить врага, а там мы найдем на них управу. Теперь-то перестань думать об этом. Важнее всего для нас, какие вести придут к нам из Новгорода. Что-то долго не возвращаются гонцы!

Владимир тяжко вздохнул.

- Да, пока все в руках новгородцев! - проговорил он, - Неужели же нам придется пролить их кровь?

- Будут упрямиться, так и накажем их, - усмехнулся Добрыня. - Тоже эти новгородцы - зелье известное.

Дядя и племянник немного помолчали.

Казалось бы, Владимиру, чем ближе к родине, тем веселее быть, а он, напротив того, становился все мрачнее и мрачнее.

Добрыня не понимал, что делается с его племянником. Сперва он думал, будто Владимира угнетает мысль, что за оказанную военную помощь он отдал и себя, и все свои будущие завоевания арконскому жрецу, которому перед церемонией вынесения знамени Святовита дал торжественные обещания выплачивать дань, посылать по требованию арконских жрецов свои дружины, изгнать из Руси всех христиан.

Правда, эти условия действительно ставили киевского князя в зависимость от арконского жреца, но Добрыня Малкович, принимая их, в то же самое время решил их не исполнять и потому относился к будущему совершенно равнодушно. Он был уверен, что, когда придет время, он сумеет обойти старого Белу, а его угроз он не боялся. Так он и племяннику сообщил и, видя, что тоска все еще не оставила Владимира, решил, что причины ее совсем другие. Но какие это были причины, Добрыня сообразить не мог.

Долгое морское путешествие также не развеяло грусти Владимира, а между тем приближалась время, когда он должен был собрать всю свою энергию, все мужество. Войдя в пролив, они уже были в виду новгородских областей. В Новгород были посланы гонцы. Наступило время томительного ожидания. Если новгородское вече откажется принять возвращающегося князя, тогда решено было взять Новгород военной силой и разорить его. А этого не хотелось и Добрыне Малковичу. Новгород был крупной величиной и в то время. Со всего Приильменья, из-за Нево, сходились в него купцы. Здесь было складочное место всевозможных товаров. Гибель Новгорода была бы полным разорением края; и вряд ли встретили бы добром приильменские племена тех, кто разорил их столицу. Пришельцам лучше всего было бы действовать добром, пока они не утвердились в крае. Не так уже и многочисленна была сопровождавшая их варяжская дружина, чтобы, потратив ее под Новгородом, идти с остатками на далекий Киев. Все это соображал Добрыня и терзался долгим мучительным ожиданием вестей из столицы Приильменья столько же, сколько и постоянно грустным видом своего любимца-племянника.

А драккары, тихо покачиваясь на волнах, шли все вперед и вперед. Задул попутный ветер, мигом убраны были весла, подняты паруса, и флотилия пошла гораздо быстрее, чем при входе в пролив.

Норманны, которыми начальствовал ярл Освальд, и варяги, выбравшие себе предводителем старого Эрика, сильно томились бездействием. От самого Рюгена они плыли все морем, берега которого, то и дело разоряемые всякими морскими разбойниками, были почти что полной пустыней. Ни одной битвы еще не было с начала путешествия. Однако ропота среди этих людей не возникало: они все знали, что пойдут на Киев, и раньше киевской земли не могли рассчитывать на встречу с врагом.

Правда, не раз подумывал о Новгороде, но тут они ничего не могли ожидать. Новгород находился под покровительством Олава Трюгвассона, проведшего в нем свое детство и юность, и обидеть этого конунга было делом опасным. Тогда никто не посмел бы вернуться на родину, а, несмотря на дикость и склонность к разбою, скандинавы любили свои скалы, фьорды, и лишиться родины было совсем не под силу даже их закаленным в битвах сердцам. Поэтому они давно уже перестали думать о Новгороде как о военной добыче, и лелеяли мысль о Киеве и о недалекой от него Византии. Мало кто из них не думал, что Владимир, как только управится с Киевом и отомстит за своего брата Олега, сейчас же поведет их по примеру своих предков, Олега Вещего, деда Игоря, отца Святослава, на пышную столицу Востока. Вот где ждет их богатейшая добыча!

И при одних только мыслях о Византии разыгрывалось воображение этих хищников. Они уже видели перед собой груды золота, слышали звон его при дележе добычи, и не один скандинав засыпал, убаюкиваемый сладкими грезами о походе за Черное море.

Быстрее и быстрее шли драккары, шире и шире становился пролив. Приближалось бурное Нево, волны становились все выше и выше, ветер все шквалистее. Шли целыми днями, останавливались на ночь для отдыха у островов. Тогда все, кто мог, выходили на сушу и, не опасаясь внезапных нападений, отдавались шумной веселости.

Только одного Владимира не оставляла его тоска.

2

НОВГОРОДЦЫ

В одно утро, когда дружины Владимира приготовились после ночлега на судах, поставленных на якорь, в дальнейший путь, вдруг с передового драккара раздались громкие крики.

- Ладьи, ладьи! - только и можно было разобрать.

Вмиг все всполошилось. Освальд громкими звуками рога отдал приказание кораблям построиться в боевой порядок. Быстро подняты были якоря, заплескали по воде весла, и легкие суденышки, управляемые опытными рулевыми, встали поперек реки-пролива неправильным полукругом. Над палубами поднялся целый лес копий, засверкала в лучах солнца холодная сталь мечей. Борта словно выросли от поднявшихся над ними щитов. Прошло очень немного времени, и все уже было готово к отчаянному бою.

Княжеский драккар поместился в самом центре построившейся в боевой порядок флотилии, справа от него выгнулись полукругом драккары с норманнами, слева были варяги. Начальство в бою, как старшему летами, принадлежало ярлу Освальду, и его драккар выдвинулся далеко вперед, но постоянно менял свое место.

Владимир и Добрыня надели панцири, скрыли головы под ярко блиставшими шлемами и стояли на палубе, с нетерпением ожидая появления встреченных сторожевыми драккарами ладей. Они не думали до сих пор о битвах, даже не рассчитывали встретить кого-либо в этих водах, но понимали, что все эти приготовления далеко не лишни, ибо никто не мог сказать наверное, друзья или враги идут навстречу.

Вдали уже белели паруса шедших с Нево судов. Добрыня из-под ладони зорко всматривался вперед, Владимир смотрел спокойно, как будто ему было все равно, кто на него идет.

- Раскосые паруса, - проговорил, наконец, Малкович, опуская руку, - это новгородские ладьи.

- Я и сам так думал, - отозвался Владимир, - кому же здесь быть, кроме новгородцев?

- Они, они. А вот с чем они идут к нам, того не знаю.

- Подождем. Подойдут поближе - узнаем!

Добрыня Малкович приготовился к встрече.

Теперь, когда могла быть близко опасность, ни скуки, ни томления не было в нем. Владимир стал перед ним. Его красивое лицо повеселело, глаза так и искрились нервным возбуждением.

- Ой, дядя, чуется мне, что бой будет!

- Кажись, без сечи не обойдется, - отвечал Добрыня. - Ишь людей без счету; если бы с добром шли, куда их столько. Да ничего. Здесь покажем, там все миром обойдется.

- Вот сейчас мы узнаем, зачем идут к нам новгородцы. Аскольд навстречу им легкие драккары выслал. Ишь понеслись, что лебеди белые.

Шедших навстречу ладей становилось все больше. Они красиво шли по спокойной воде, расставив свои косые паруса. Никакого порядка кормовые не соблюдали. Шли как кому по душе пришлось. Два драккара неслись к ним навстречу, остальная флотилия пришельцев, ловко маневрируя, сумела сохранить все свои места и ожидала подхода встречных в прежнем боевом порядке.

Случилось, однако, совсем не то, чего ожидала дружина Владимира. Высланные вперед ладьи, вождям которых приказано было, в случае враждебных действий, поскорее уходить назад к главным силам, вклинились в самую середину новгородской флотилии, и ничто не показывало, чтобы там произошел бой. По мере того, как сокращалось расстояние, с норманнских и варяжских судов ясно было видно, что драккары мирно идут борт о борт с новгородскими ладьями.

- А что, ведь это добрый знак, - воскликнул Добрыня, - пожалуй, обойдется и без драки.

Владимир ничего не ответил.

Он не спускал глаз с приближающихся судов. Теперь они были на таком расстоянии, что до слуха князя и Добрыни ясно доносились крики, галденье, как будто бы там говорили всё разом, причем никто из говорящих не слушал другого, а только старался его перекричать.

- Новгородцы, - радостно воскликнул Добрыня, - идут, голубчики, сами встречают своего князя. Ишь, как горланят, словно у себя на вече. Горлопаны этакие! - Старый витязь был радостно настроен. Обыкновенно спокойный и важный, он теперь забыл свою степенность и, сложив трубой руки у рта, кричал, что было силы: - Эй, вечевики! Где запропастились? Отчего князя своего у пределов Руси не встретили, вот он вас!

Ему с ладей ответили какие-то крики. Слов разобрать нельзя было, но в самих звуках не было ничего враждебного. Напротив, слышалась явная радость.

Однако Освальд держал по-прежнему в боевом порядке свои дружины. На норманна этот шум, эти крики действовали как указание к предстоящему бою, и он уже посылал к князю спросить, не кинуться ли дружинам на подходивших новгородцев, не дожидаясь, пока те нападут сами. Владимир строго запретил своему вождю начинать бой. Между тем случилось нечто совершенно неожиданное. Ладьи, шедшие, казалось, в полнейшем беспорядке, вдруг, словно им откуда-то был подан незаметно для пришельцев сигнал, ловко скользнули между драккарами, и, прежде чем Освальд мог сообразить, что произошло, каждый драккар уже оказался между двумя новгородскими ладьями, а судно с князем и Добрыней было окружено и отрезано от остальной флотилии.

Страшный гомон, шум, галденье сменили недавнюю еще тишину. Прибывшие орали, что было сил. Куда ни взглядывал Владимир, всюду он видел перед собой бородатые раскрасневшиеся лица под шапками-колпаками: выражение их было радостное, никакой враждебности не было заметно. Выкрикивались приветствия, и в то же время кричавшие успевали перебраниваться между собой. Гомон был общий, и в первые мгновения совсем оглушил молодого князя.

- Здравствуй, князь наш пресветлый Владимир Святославович, - кричали с одной стороны.

- Не оставь ты нас, сирот, своей княжеской милостью, - вторили с другой стороны.

- Пожалуй к нам, в Господин Великий Новгород, владей нами по-прежнему!

- Горюшка-то сколько без тебя хлебнули мы, слез горючих сколько пролили.

- Всех-то нас, сирот, без тебя изобидели.

- А пуще всех Рогвольдишка!

Владимир гордо и властно смотрел на весь этот люд, выражавший теперь криками свою к нему любовь. Добрыня, очутившись между своих, не стерпел. Всю его степенность как рукой сняло, и недавний еще тонкий, проницательный дипломат не замедлил вступить в грубую, но добродушную перебранку, на которую ему отвечали такою же добродушной бранью.

Крики и перебранка не стихли даже тогда, когда на борт княжеского драккара перешло с новгородских ладей трое почтенных стариков в длинных, до пят кафтанах и высоких, с круглыми днищами шапках. Их сопровождало двое воинов в панцирных рубахах и медных шлемах, с мечами, оставшимися в ножнах.

Владимир сразу узнал гостей. Это были степенные новгородские бояре, бывшие в совете новгородского посадника.

Прибытие их доказывало полное миролюбие новгородцев, ибо они не могли быть посланы ни для чего иного, как для чествования.

- Здравствуй, свет ты наш ясный, солнце красное, князь Владимир Святославович, - проговорил один из них, склоняясь перед князем, - осчастливил ты нас, вернулся к нам. Прими же привет от Господина Великого Новгорода и помилуй, ежели кто провинился чем пред тобою.

- Здравствуй, солнышко наше красное, князь Владимир

Святославович, - заговорил другой боярин, выступая вперед и кланяясь, - поведай нам, неразумным, с добром или покором идешь ты к нам? Коли с добром - милости просим. Приказало нам вече кланяться тебе низко и просить тебя в Новгород Великий, а коли худо мыслишь ты, так и не прогневайся. Не пустим мы тебя. Везде заставы поставлены, и будет между нами бой не на живот, а на смерть.

Третий старик молчал.

- Иду я к вам, люди новгородские, - раздался звучный голос князя, - зла против вас не имея. Хочу добрым к вам быть и, если примете меня управлять вами, хочу судить вас по старине, по милости и правде. Вины, какие были на вас, я прощаю вам. Так вечу скажите. А если не примете вы меня, князя своего, то будет между нами бой. Прикажу дружине моей разорить всю землю вашу и всякое именьишко возьму за себя, дабы и другим не повадно было идти против меня, князя своего.

Тогда заговорил третий старик.

- Здравствуй, князь Владимир Святославович, привет тебе и многие лета. Посланы мы к тебе с добром. Велело нам вече наше сказать тебе: коли идешь княжить у нас по старине, так будь князем, владей нами, суди нас и милуй. А зла у веча на тебя нет. Коли и ты зла не имеешь, пожалуй скорей в Великий Новгород. Княжьей честью встретит тебя народ наш, и будет солнце на небе да ты, князь, в Великом Новгороде.

С этими словами он низко поклонился Владимиру.

3

СТАРЫЙ ДРУГ

Пока шли эти переговоры, вокруг было сравнительно тихо; но как только кончил говорить последний боярин, сразу начались прежние гомон и галденье.

- Надёжа-князь, не оставь нашей бедности, - кричали одни, - пожалуй к нам.

- Соскучились мы по тебе, князь Владимир Святославович!

- Что посадники - князя Великому Новгороду надобно!

- Негоже ему хуже других быть! Пусть Киеву не уступит.

- Зовем тебя, иди к нам, княже, и владей!

Владимир с удовольствием слушал эти крики. Он знал

новгородцев и понимал, что все эти восторги далеко не продолжительны и вызваны лишь впечатлением минуты. Но и то было хорошо, что новгородцы добровольно принимали его. Засиживаться же в Новгороде не думал и сам Владимир.

После двух лет, проведенных среди совсем чужих по крови и по духу людей, любо было смотреть сыну Святослава на этот народ, слушать родную речь. Он внимательно вглядывался в каждое лицо, и, наконец, взор его упал на воинов, стоявших позади новгородских послов. Ему показалось, что одного из них когда-то он видел. Всмотревшись попристальней, он даже вздрогнул от радости. Перед ним вдруг встала, как наяву, недавняя еще его юность. Живо вспомнился ему друг его детских дней Забыта. Пылкое воображение нарисовало ему самоотверженного юношу, сына Прастена, любимого воеводы его отца, старца-христианина Андрея, несчастного печенежского князя Темира.

Вспомнился ему день, когда обвиненный Прастеном Андрей вступил по приказанию князя в единоборство со своим обвинителем и, несмотря на свою старческую дряхлость, уложил на землю богатыря-воеводу, стремившегося опозорить его, уничтожить из-за старой кровавой вражды; вспомнилось, как Андрей, которому Святослав выдал побежденного врага, первый обратился к нему со словами братской любви и прощения. И Забыта вспомнился, израненный, окровавленный.

Теперь друг его юности стоял перед ним, глядя на него своими ясными, лучистыми глазами. Вот они после долгой разлуки опять встретились, и доброе, хорошее чувство овладело душою князя.

- Вы, бояре, - обратился он к послам, - знаете: слова своего я назад не беру. Коли просите меня усердно, так я на ваши просьбы склоняюсь и пойду к вам в Новгород. А чтобы не было меж нами неприязни какой, так нужно уговориться нам обо всем лично. Вот и поговорите вы с дядей Добрыней. Он в разговоре будет вместо меня перед вами, и как вы порешите, так и я утвержу.

- С Добрыней, так с Добрыней! - согласился старший посол. - Здрав будь, Малкович.

- И вы здравствуйте, - выступил Добрыня, - вот опять нам пришлось свидеться и дело делать.

- Тяжеленек ты, Добрынюшка, - отозвался тот же боярин.

- А уж каков есть, - усмехнулся тот, - а потому и тяжеленек, что все ваши повадки да увертки знаю. Да пойдемте, други, под палубу, там я вас сладким вином франкским угощу, вот и потолкуем. А ты, князь, - обратился он к Владимиру, - велел бы к острову какому пристать да угостил бы на радостях народ твой, чтобы твое здоровье пили и веселились.

Радостные крики покрыли слова Добрыни.

Владимир приказал Освальду, тоже явившемуся на его драккар, пристать к острову, где они ночевали.

Это было нетрудно, возвращаться не приходилось, ибо течение снесло драккары и ладьи далеко за остров. Скоро пустынный клочок земли закипел народом. Варяги, норманны, новгородцы братались между собой. Много помогли этому бочонки с вином, выкаченные на остров пришельцами, и крепкий мед да брага, предусмотрительно захваченные с собою новгородцами.

Послы и Добрыня ушли в подпалубу. Владимир же, как только разошелся с ними, сейчас же остановил молодого воина.

- Зыбата! - сказал он, кладя ему руку на плечо. - Или ты не узнал меня?

Молодой воин смотрел на князя блестевшим, радостным взором.

- Узнал, княже, как не узнать, - говорил он, - да подойти все боялся. Как примешь, не ведал.

- Что ты, Зыбата! Всегда я приму тебя как друга.

С этими словами Владимир сперва протянул молодому воину руку, а потом привлек его в свои объятия.

Они оставались на кормовой палубе одни. Все их ближние дружинники сошли на землю, только из-под палубы доносилось гуденье голосов переговаривавших о делах новгородских послов и Добрыни.

Князь опустился на скамью и усадил около себя Зыбату.

Радость встречи еще более оживила красивое лицо Владимира.

- Ну, говори же мне, рассказывай о себе, - повторял он Зыбате, - я все хочу знать.

- Нет, княже, - улыбнулся тот, - расскажи ты.

- Хорошо. Ты знаешь, презренный Ярополк убил Олега, и я тогда не отомстил за его смерть.

Зыбата с грустью на лице покачал головой.

- Нет, княже, Ярополк не убивал Олега, - сказал он.

Брови Владимира сдвинулись, по лицу скользнуло выражение мести и гнева.

- Он, Ярополк, убил нашего брата, - с особенным выражением произнес он, - ты мне будешь говорить о Свенельде? Так Олег вправе был убить его сына Люта, потому что Лют без позволения охотился на его землях. Свенельд что такое? Разве он князь, что осмелился поднять руку на князя? Но я и это забыл, если бы Ярополк отомстил за убийство Олега. Но он даже не наказал Свенельда. Так я отомщу им обоим. Я иду - и горе Ярополку!

Зыбата тихо положил руку на плечо Владимира.

- Княже, вспомни, что нет ничего сладостнее прощения! - тихим, взволнованным голосом сказал он.

Владимир взглянул на него, и вдруг словно темная туча набежала на его лицо.

- Да, я и позабыл, - произнес он дрогнувшим голосом, - ты ведь христианин?

- Да, я христианин! - поспешил подтвердить Зыбата. - И отец мой Прастен христианин, и старый печенег Темир христианин. Все мы крестились во имя Господа Иисуса Христа, и старец Андрей - помнишь его? - был нашим крестным отцом. Но ты молчишь, Владимир, ты отвернулся и более не смотришь на меня. Что это значит? Чем я прогневил тебя? Скажи, князь, скажи.

Теперь лицо молодого князя отражало невыносимую тоску. Признание Зыбаты напомнило ему о клятве, данной арконскому жрецу, и вот он уже столкнулся с христианином, и в душе его не находилось достаточно силы, чтобы поступить по клятве и уничтожить этого "врага Святовита" - человека, которого он любил с первых дней своего детства.

- Ты все-таки молчишь, княже, - продолжал Зыбата, - вспомни же нашу веселую юность. Я-то как лелеял мысль о свидании с тобою. Знаешь ли, я, как только оправился после болезни, по совету моего крестного отца Андрея, оставил Киев и ушел за тобою в Новгород. Там я хотел послужить тебе, моему другу и князю, но когда я явился туда, тебя уже не было, ты ушел за море к варягам. Однако много людей говорили, что ты вернешься. Я остался тебя ждать, и вот она, желанная встреча. Что с тобою, Владимир мой?

- Зыбата, Зыбата, - раздался чуть слышный шепот молодого князя, - уходи от меня, уходи, пока не поздно. Скройся, чтобы я никогда не видел тебя более. Чтобы я даже не слышал о тебе.

- Зачем это нужно? - изумился молодой воин.

- Нужно, нужно. Ты христианин, а я, пойми, Зыбата, я дал клятву ненавидеть всех христиан.

Зыбата сперва отпрянул от Владимира, потом медленно поднялся на ноги.

- Ты, княже, дал клятву ненавидеть всех христиан, -

проговорил он, - за что же? Разве христиане причинили тебе какое-нибудь зло, которого ты никак им простить не можешь?

- Нет, нет, они мне ничего не сделали, - торопливо говорил Владимир, - но я дал клятву и исполню ее, да, исполню! Уходи же, приказываю тебе, уходи и не смей показываться мне на глаза!

- Жаль мне тебя, Владимир, - проговорил Зыбата, и его глаза увлажнились слезами, - языческая тьма скрыла твою душу, но я верю, что рассеется она, скоро рассеется, тогда великий свет истины осияет тебя, и ты возродишься к новой жизни.

- Уходи! - крикнул взбешенный князь, хватаясь за рукоятку меча.

4

УСПЕХ

Зыбата не испугался этого угрожающего движения, но раздавшиеся в это мгновенье громкие голоса заставили Владимира забыть своей гнев.

Из кормовой каюты выходили Добрыня Малкович и новгородские послы. Лица их были красны и покрыты потом, голоса стали как-то особенно крикливы, все движения размашисты и суетливы. В то же самое время Владимир по довольному лицу своего дяди мог заключить, что переговоры закончились полным успехом.

Зыбата теперь сам отошел в сторону. Тяжело было на душе молодого воина. Не такой встречи с любимым другом детства ждал он. Как он мечтал об этом радостном мгновении! Вспоминая Владимира, Зыбата был уверен, что в дружеских беседах он сумеет познакомить его с великими истинами Христовой веры, и кто знает, может быть, и просветить князя светом христианства. Он помнил впечатлительность Владимира, восприимчивость его ко всяким убеждениям и постоянно лелеял мысль, что ему удастся заронить первые семена в его душу. Теперь, как дым, развеялись все его надежды. Владимир вернулся ожесточенным врагом христиан, и от него можно было ожидать теперь всякого зла для братьев Зыбаты по вере.

"Ох, не пришло еще время, - с тяжелою тоскою думал молодой воин, - но верую я, что должно наступить оно, и тогда сокрушит мой князь языческих богов в стране своей!"

Владимир, насильно заставив себя более не думать о Зыбате, слушал дядю и послов, передававших ему, на чем окончены были их переговоры. Успех, действительно, превосходил всякие ожидания. Новгородцы всегда ревниво относились к своему самосознанию, и им казалось унизительным для Господина Великого Новгорода то обстоятельство, что у Киева был свой князь, тогда как у них дела правления сосредоточились в руках выборного посадника.

Ради того, чтобы снова получить себе князя, они пошли на всякие уступки. Князь должен только не касаться их прежних вольностей и уважать их вече, подчиняться ему во всех важных вопросах. За это Новгород принимал на себя полное содержание князя и всей его дружины, причем вручал князю всю исполнительную власть. Условия эти, по крайней мере, на первых порах, были очень выгодны для Владимира, вовсе не намеревавшегося засиживаться в Новгороде, и он со своей стороны поспешил подтвердить все обещания, которые дал послам Малкович.

Не было пределов удовольствию последних. Они разошлись так, что начали предлагать князю немедленно отправиться в путь. Но Владимир, так же, как и Добрыня Малкович, хорошо знал характер новгородцев. Послов непременно нужно было "уважить", "почествовать". Князь пригласил их сойти на остров. Громкие крики встретили его там. Нестройной толпой окружили его новгородские дружинники, очень быстро узнавшие, на чем закончились переговоры. Только предложение Добрыни отпраздновать тут же веселым пиром возвращение князя несколько умерило их бурную радость. Тотчас на острове запылали костры, появились всякие снеди и пития, и до ночи не смолкал веселый шум этого счастливого пира.

На другой день вместе с солнечным восходом обе соединившиеся флотилии тронулись в дальнейший путь.

После веселого пира новгородские послы, перебравшиеся на все время пути к князю на его драккар, чувствовали себя так тяжело, что даже не проснулись и не вышли из шатра, где им были приготовлены постели.

Владимир и Добрыня, привыкшие у скандинавов к шумным и обильным пирам, как и всегда, занимали свои места на кормовой палубе, следя за отправлением в путь судов. Малкович был весел, как никогда. Первый успех окрылил его, и он был уверен, что скоро увидит племянника киевским князем.

- Нечего нам и засиживаться в Новгороде, - говорил он, - отдохнем и пойдем на Днепр. Врасплох застанем Ярополка. Он и дружин собрать не успеет, как мы появимся. Киевляне бы только нас приняли.

Он говорил и в то же время искоса поглядывал на племянника. Опять тени тяжелой тоски залегли на лицо Владимира. Он слушал Добрыню рассеянно, не отвечая ему ни слова, не разделяя его радостного настроения.

- Да что ты такой? - не вытерпел, наконец, Малкович. - Или и не рад, что так все выходит?

- Нет, Добрыня, как же не радоваться-то? Рад я!

- Так чего же грустишь-то?

- Мучает меня клятва моя. Нехорошо я сделал, что обещал Беле вывести на Руси христиан. Покойная бабка Ольга вспоминается. Ведь она христианкой была. Потом и клятву я свою нарушил.

- Как это?

- Зыбата здесь.

- Прастенов сын?

- Да, он. Он христианин, и нет у меня зла на него, нет зла и на других христиан. Нарушаю я клятвы и не могу ненавидеть их.

- Вон ты о чем. И охота себя терзать? Ну, нет на христиан зла, так и пусть не будет его.

- Да ведь я клялся Беле.

- Клялся вывести христиан, когда будешь киевским князем и сокрушишь Ярополка. С тех пор и твои клятвы действовать будут, а до той поры позабудь ты их совсем. Вот и все.

Лицо Владимира вдруг просветлело.

- Добрыня! Ведь правда твоя, - вскричал он, - пока я не киевский князь, от своих клятв я свободен, Правда, правда. А я-то Зыбату прочь от себя прогнал. Спасибо, дядя, и тут ты меня выручил.

В порыве благодарности Владимир обнял Добрыню.

- Ну, то-то же, - говорил растроганный этой лаской племянника Малкович, - ты только меня в таких делах слушайся, и все ладно будет. Вот добыть бы только Киев, а там мы от старого Белы отделаемся. Он-то хитер, да и мы не просты. Только бы Ярополка сокрушить.

После этого разговора Добрыня уже не видел грусти на лице своего племянника. Владимир стал весел, да и не было времени задумываться ему. Новгородцы теперь не отходили от него. Быстро узнал князь обо всем, что случилось у истоков Волхова за два года его отсутствия, и понял, что новгородцами руководило в желании иметь князя не одно только тщеславие, а и необходимость получить твердую власть, которая могла бы усмирить внутренние междуусобицы и укротить своевольных вечевиков, постоянно их затевавших.

Владимир в остальные дни пути не один раз обдумал все, что намеревался делать, несколько укрепившись на Волхове. Месть Ярополку была для него лишь поводом к захвату киевского княжения. Были у него другие враги, при одном воспоминании о которых вспыхивало гневом его сердце.

"Не хочу разуть сына рабыни!" - вспомнил он гордый ответ Рогнеды Рогвольдовны, дочери полоцкого князя. "Так нет, я заставлю тебя разуть мои ноги", - думал он тогда, и в его воображении рисовалась уже картина унижения гордой княжны.

А путь с каждым днем все уменьшался. Новгородские ладьи и варяжские драккары вошли, наконец, в бурное и шумливое Нево. Далеко-далеко раскинулась перед ними беспредельная водная пустыня. Громадные волны ходили на просторе. Суда держались берега и благодаря этому благополучно вошли в устье Волхова, в то время также очень широкого и бурного. Здесь им путь преградили пороги. Не доходя до них, все суда стали у берега. Далее приходилось идти "волоком", то есть тянуть ладьи и драккары по суше.

Это была только первая остановка князя на родной земле. Остановились у Ладоги-крепостцы, поставленной у порогов еще Рюриком, шедшим этим же путем из Скандинавии в Новгород после призвания своего на княжение. Крепостца была занята новгородскою дружиною. Здесь уже узнали, что возвращается обратно на Русь ушедший из нее новгородский князь, и с великим почетом встречали Владимира. Невольно вспомнилось Святославову сыну, как за два года перед тем уходил он, прячась от людей, боясь за свою жизнь, уходил один, с немногими слугами. И вот теперь он возвращается в числе сильной дружины, и все, кто ни попадался на пути, встречают его как любимого, долгожданного вождя.

"Нет, - восклицал про себя Владимир, - никогда не отдам я своей земли Святовиту! Никогда не позволю иноземцам распоряжаться ни на Волхове, ни на Днепре. Только бы стать мне киевским князем - все мои заботы обращу я на то, чтобы счастлив был народ мой. А варягов да Освальда с его норманнами Добрыня всегда усмирить сумеет".

5

ВЕЧЕ

Протяжный, но гулкий звон колокола, раздававшийся из новгородского Детинца, всколыхнул сразу всех обитателей древней столицы северной приильменской Славянщины. Словно громадный муравейник, зашевелились новгородские "концы", улицы, сходившиеся с различных сторон у Детинца. Концевые старосты торопливо пробегали вдоль домов, что есть силы стуча в их наружные двери и окна. Колокол был вечевой, звон его созывал новгородцев на всенародное вече, и каждый свободный новгородец, кто бы он ни был, важный ли гость, или дружинник, несчастный ли жалкий бедняк, со всех ног бежал в Детинец - сильную крепость на холме левого берега мутного, бурного Волхова. Словно гигантский паук залег Господин Великий Новгород в истоке древней славянской реки. Как будто навес какой, висело над ним беспредельное озеро Ильмень, находившееся несколько выше его. Сверкающей на солнце гладью оно, казалось, вот-вот опрокинется вниз со своей высоты и зальет массою своих вод оба низменных берега, поглотит этот город с его деревянною крепостью, с его вытянувшимися по прямым линиям богатыми и бедными домами. Темными точками на сверкающей глади озера виднелся высокий Перынский холм, где когда-то давным-давно жило, как гласило предание, страшное чудовище-волхв, не пропускавшее никого ни в реку, ни с реки без тяжкой дани. Наискось от Перынского холма, значительно ниже истока, находилось Рюриково городище, остров с крепостцой, построенной первым новгородским князем Рюриком. Их со всех сторон окружала вода, и, казалось, только они и сдерживали Ильмень и не пускали его опрокинуться и залить город.

Волхов выходил из Ильменя без обычного для всех рек, протекающих по низменностям, истока. Он, выйдя из озера, сразу становился широким и бурным и, несколько сузившись за Рюриковым городищем, красивой змеей-лентой извивался среди своих низких берегов, то выгибаясь крутым коленом, то врываясь в сушу острым заливом, то разрывая дремучие надбрежные леса и совсем теряясь в них.

Около Новгорода Волхов был необыкновенно оживлен. Во все стороны крестил его мутные волны десяток тупоносых тяжелых лодок, вертлявых челноков; весь левый берег на всем протяжении города сплошь был уставлен зачалившими тут большими торговыми судами: днепровскими стругами, новгородскими ладьями, скандинавскими драккарами и галерами, составляющими новгородский флот. На судах и на берегу около них кишели люди. Одни были в длиннополых кафтанах и остроконечных шапках-колпаках, другие в широкополых шляпах и белых рубахах, третьи в черных и цветных, пестрых одеяниях иноземцев. Тут были и купцы, "гости новгородские", и заезжие из-за моря, явившиеся сюда, чтобы на золото, серебро, дорогие уборы и материи выменять меха, которыми в ту пору изобиловал Новгород.

Вся эта толпа шумела, кричала, смеялась, бранилась, и даже рослые, бородатые воины в латах и панцирных рубашках, расхаживавшие по берегу, не были в состоянии восстановить какой бы то ни было порядок.

Звон вечевого колокола остановил все дела, которым отдались было новгородцы, сразу оборвал весь обычный торговый шум. Народные волны так и хлынули в Детинец.

Там было в ту отдаленную пору немало строений: палаты посадника да пустовавшие палаты князя, избы для дружины, всегда готовой к отражению всякого врага, хотя бы это были сами вспыхнувшие буйным огнем новгородские граждане, да на средине обширной площади - высокий вечевой помост с большим колоколом, укрепленным в раме из бревен-брусьев.

Много прошло времени после того, как заговорил этот колокол, созывавший своим медным языком всех новгородцев.

Шумя и гудя, волновалось вокруг вечевого помоста бурное живое море. Скоро стало так тесно на площади, что вновь прибывшие взбирались на крыши изб, на крыльцо палат и даже на ступени помоста, так что дружинники едва-едва могли сдерживать напор толпы. Крик и шум стоял невозможный. Никто не хотел никого слушать, все говорили и кричали в одно время, и среди этого гама, словно прорезая его, уныло, прерывисто звучал колокол вплоть до тех пор, пока из палат посадника не вышли сперва степенные, а затем именитые бояре и, сопровождаемые дружинниками, расчищавшими им путь среди толпы, не тронулись к помосту. Там они разместились, одни на ступенях, другие на самом помосте; отдельно ото всех стал выборный посадник, и лишь тогда смолк колокол.

И посадник, и все бояре равнодушно смотрели на бесновавшуюся у их ног толпу. Привычны они были уже к этому вечевому шуму и только зорко поглядывали, как бы не вышло где драки или поножовщины, ибо в этом случае трудно было бы сдержать народ и все могло бы закончиться кровопролитием.

- Начинать, что ли? - тихо спросил посадник у именитых бояр, находившихся вместе с ним на помосте.

- Успеем еще, пусть вдоволь наорутся, - было ответом.

Вече, действительно, скоро притомилось. Крик и шум стали стихать. Можно было разобрать и отдельные восклицания.

- О чем вече-то? - кричали ближайшие. - Опять что ли, о князе?

- Так порешили мы с князем, пусть идет!

- Только бы по старине правил.

- Не то сгоним.

- Теперь пора, будто угомонились малость! - шепнул посаднику старейший из именитых бояр.

Тот кивнул ему в ответ и, подойдя к самому краю помоста, закричал, что было сил:

- Послушайте, мужи новгородские и людины, все послушайте речи моей.

- Говори скорее, - раздались голоса, - а мы судить будем.

- Решили мы все здесь, на свободном вече, - продолжал посадник, - что негоже Господину Великому Новгороду быть ниже Киева, ибо есть у сего града свой князь. А так как такого князя у нас нет, то и призвали мы опять к себе князя Владимира Святославовича; без принуждения чьего-либо призвало его вече; выслушал послов наших князь и согласился идти к нам и править по старине и вольностям нашим, ничем их не нарушая и оберегая их, как зеницу ока своего. Об этом было уже вече, и все вам послы наши сказали.

- Так, так. Знаем это, - загремели криком, - где же он, князь-то, нами избранный, отчего его нет до сей поры?

- Вот и собрали мы вас на вече, - перекричал всех посадник, - чтобы сказать вам: идет князь Владимир Святославович и ополдень должен уже здесь быть; великою честью должны мы его встретить, челом ударить ему всенародно, дабы был он к нам милостивив, от врагов защищал, правых виновным в обиду не давал, судил по обычаям дедовским и был бы за весь народ приильменский один за всех и нам бы всем быть за него одного!

Весть о том, что избранный князь уже близко, ошеломила вечевиков. Они все стихли, крик и шум прекратились, всем как будто стало не по себе.

- Что же теперь, люди добрые, - проговорил один из

степенных бояр, - чего призадумались? Сами под ярмо полезли, так уж думать нечего; теперь нужно идти на берег да встречать князя великой честью. Не то худо будет. Не один он идет, с ним и Добрыня Малкович.

Вече встрепенулось. Хорошо знали новгородцы крепкую руку Добрыни, показал он им себя, и теперь сразу припоминалось им, что не любит Владимиров дядя противоречий, хотя бы противоречия и от самого веча шли.

- Не хотим Добрыни, не хотим! - разом закричало множество голосов. - Пусть князь один к нам идет.

- Не хотим, не хотим! Пусть князь от себя Добрыню прогонит!

- Владимира Святославовича себе в князья выбирали, а о Добрыне Малковиче и речей не было.

У Добрыни были, однако, в Новгороде и сторонники.

- Нельзя так, - кричали с другой стороны, - племянника берем, так негоже его с дядей разлучать.

- Обоих принимаем!

- Пусть оба идут!

Мнения разделились. Поднялся невообразимый крик. Вечевики с пеной у рта наступали друг на друга. В отдаленных углах площади уже завязывались драки. Шум становился зловещим. Разгоравшиеся страсти легко могли довести всех этих людей до кровопролитной рукопашной схватки, слышался уже лязг железа: это наиболее буйные из вечевиков схватились за оружие.

Но в тот момент, когда общее напряжение возросло до последней степени, вдруг с Волхова донеслись громкие звуки рогов. С поразительной быстротой смолк весь крик, шум, сами собой успокоились вспыхнувшие было страсти.

- Князь, князь прибыл! - пронесся среди вечевиков крик, и вся толпа, забыв о недавнем несогласии, стремглав пустилась от Детинца на волховский берег.

6

КНЯЗЬ

На берегу вечевики увидели, что княжеские суда, никем не замеченные, успели подойти к самому Детинцу. Невольно приумолкли те, кто был против Добрыни Малковича.

Словно лес из копий вырос на подошедших драккарах и ладьях. Ярл Освальд так расположил свои норманнские и варяжские дружины, что с берега казалось их гораздо более, чем было на самом деле.

Но не это усмирило, успокоило толпу: на большой, богато убранной ладье народ увидел своего избранника, князя Владимира Святославовича, при виде которого невольно все, даже самые бурные, самые бесшабашные, поддались его обаянию. Князь стоял, освещенный солнцем, посредине ладьи, так что его можно было заметить издали. Он был в блестящих медных доспехах и шлеме викинга. Солнечные лучи так и сверкали на его броне и, преломляясь на меди шлема, рассыпались сиянием вокруг его красивой головы. Густые кудри Владимира выпущены были из-под шлема и струились по плечам. Левой рукой он опирался на длинный, с крестообразной рукоятью, скандинавский меч, правую положил на плечо Добрыни Малковича, одетого в панцирную рубашку до колен и высокий новгородский шишак.

Рядом с красавцем князем Добрыня казался олицетворением могучей силы, и вечевики невольно залюбовались на этих двух людей. Забыто было прошлое; толпа отдалась обаянию торжественной минуты, и вместо угроз с берега несся один только приветный клич:

- Привет тебе, солнышко наше красное, привет тебе, князь Владимир Святославович!

Из Детинца вышли и спустились к самой воде посадник и все бояре. И на них подействовала торжественность минуты, и они невольно поддались общему чувству. Кое-кто из бояр даже прослезился. Вместе с народом все они кричали приветствия, а в это время с княжеской ладьи были уже скинуты на берег сходни, и князь, сопровождаемый Добрыней, Освальдом, Эриком и послами Новгорода, легко сошел на твердую землю.

Одновременно с ним бесшумно выскочили на берег его дружинники, и прежде чем новгородцы могли опомниться от неожиданности, вдоль берега вырос лес копий и будто сама собой образовалась стена из норманнских и варяжских щитов.

Все это произошло с поразительной быстротой и в таком стройном порядке, что даже самые буйные вечевики поняли, что теперь им нужно попридерживать языки.

Перед ними была внушительная сила; они сами подпустили ее и дали возможность застать врасплох Новгород.

Каждый понимал, что достаточно только одного движения прибывшего князя, и вся эта живая стена двинется вперед и сметет все, что ни попадется ей на пути.

Ворота Детинца были отворены, и занять крепость для прибывших воинов ничего бы не стоило, а вместе с крепостью и весь Новгород немедленно попадет в руки пришельцев.

Смутившиеся противники Добрыни Малковича молчали. Только одни радостные приветствия неслись навстречу Владимиру Святославовичу; но скоро смущение первых прошло, и они, забыв свое недавнее еще неудовольствие против дяди князя, примкнули к тем, кто приветствовал прибывших, и крик толпы стал единодушен.

- Собрано ли вече? - спросил Владимир, приняв приветствия посадника и бояр. - Хочу явиться к моему народу и отдать ему мой поклон!

Узнав, что прибытие его застало вече в самом разгаре, князь сделал знак Освальду и Эрику, а сам вместе с Малковичем, окруженный боярами, быстро пошел по берегу, поднимаясь к воротам Детинца.

Но сделать ему удалось всего несколько шагов. Восторг толпы достиг высших пределов. Живые волны хлынули со всех сторон, разметали всех, кто был возле князя и Добрыни. Даже норманны и варяги, которых Освальд и Эрик поставили полукругом около Владимира, мгновенно были оттерты. Еще мгновение - и десятки дюжих рук подняли и Владимира, и Добрыню высоко над толпой, и вечевики понесли их с громкими, полными восторга криками в ворота Детинца.

Это была высшая честь, какую только могли оказать новгородцы своему избраннику. Князь и его дядя бережно были донесены до вечевого помоста, и только когда они очутились там, отхлынуло это живое море, унося с собой и бояр, и посадника, и всех дружинников. Но Освальд и Эрик тоже не дремали: с величайшим трудом пробрались они к помосту со своими воинами и заняли его ступени со всех сторон, так что между вечевиками и князем с Добрыней снова выросла живая стена.

Владимир сделал величавый жест, и, повинуясь ему, смолкла толпа.

- Привет тебе, народ мой новгородский! - заговорил князь. - Снизойдя на твои моления, пришли мы в Великий Новгород творить суд и расправу по старине, стоять за дедовские и отцовские вольности. Обещаем мы править Новгородом так, чтобы не было недовольных, несчастных, сирых и обиженных. Все будут равны пред нами, и суд наш будет для всех одинаков. Вольности же и старину будем охранять мы, и в том да будет порукою слово наше княжье. Будем блюсти мы честь Великого Новгорода и никаких обид на него не спустим. Кто против

Великого Новгорода, тот и против нас, тот нам враг злейший. И обещаем сокрушить мы его, ни крови своей, ни живота своего не жалея. А прежде всего объявляем мы, что забыли навсегда всякие вины, которыми ты, народ новгородский, был винен перед нами; не вспомним их никогда. А тебе, народу новгородскому, быть нам верным и служить нам по чести и правде, все службы наши править без промедления и недовольства. А мы за то слуг наших верных будем жаловать своими милостями. Кто же ослушником нам будет, того мы, князь, вольны казнить любою казнью по суду своему и по старине отцов и дедов наших. В знак же благоволения нашего к тебе, народ новгородский, прими наш княжий поклон и привет, дабы всем было ведомо здесь, в Новгороде, и в пятинах, и в погостах, и в областях новгородских, что пришли мы с великим добром и милостями.

С этими словами Владимир склонил свою голову перед толпою, доселе его безмолвно слушавшую.

Княжий поклон этот вызвал новые крики восторга. Речь князя, обычная в подобных случаях, пришлась всем по сердцу.

Несколько старцев, бояр именитых, успело в это время протиснуться через толпу к вечевому помосту и даже пробраться через княжью стражу на верхние ступени.

- Люб ты нам, князь Владимир Святославович, - заговорил самый старый из них. - Добром, свободною волей избрали мы тебя князем своим, и спасибо тебе на твоем милостивом слове, не оставил ты нас, сирот горемычных, прими же и ты от людей новгородских поклон и привет!

Старец опустился на колени и приник головой к ногам князя, но Владимир быстро нагнулся и, подняв, обнял его и поцеловал. Вечевики словно обезумели. Им казалось, что в лице этого старца князь дал поцелуй всему Новгороду, и в эти мгновения не было на площади Детинца человека, который не отдал бы жизнь за Владимира Святославовича.

- Солнышко красное, князь любый! - ревела толпа. - Веди нас всех на врагов твоих. Кто твои враги, тот и Господину Великому Новгороду злой обидчик!

- На Киев веди нас!

- Все пойдем за тобой!

- Смерть Ярополку!

- Будь князем великим!

Пред Владимиром в это время стоял уже другой старый боярин.

- Пожалуй ты нас, сирот, князь наш, первою твоею милостью, - говорил он, сопровождая свои слова поклонами, -

терпим мы великие обиды от кривичей. Их Полоцк выше Новгорода стать хочет. Изничтожь ты ворога. Пусть, что солнце на небе одно, и Новгород в земле приильменской один будет.

Глаза Владимира сверкнули радостным блеском.

- Слышишь, народ новгородский, - крикнул он, - боярин твой именитый об обидах, что чинит Великому Новгороду Полоцк, жалуется. Пожалую я вас, Новгород, своею милостью. Изничтожу обидчика, сокрушу его силу, и будет Новгород мой во веки славиться.

Опять будто искры пролетели в толпе.

- На кривичей! На Полоцк! На Рогвольда! - ревела толпа, и Владимир, слушая с улыбкой эти крики, вспомнил гордую княжну Рогнеду, и словно голос какой-то шептал ему ее гордые слова: "Сына рабыни разуть не хочу".

7

В ПОЛОЦК

Непроходимые леса, в которые и тогда не ступала нога человеческая, покрывали оба берега речки Полоты, катившей свои тихие воды в ту быструю и бурную реку, которую ныне называют Западной Двиной.

Всюду были тогда леса на нынешней Полоте, Свислочи, Березине. Века стояли они, угрюмые, молчаливые. Жизнь будто замерла в их чащах. Звери редко забегали туда, птицы свободные не залетали: такая там, в этих лесных глубинах, была пустота и дичь.

И вдруг оживились угрюмые и молчаливые леса. Массою всевозможных звуков наполнились они. Тучи воронья кружатся над ними, хищные звери, перепугано озираясь, убегают в непроходимые чащи. Там, где недавно царила еще мертвая тишина, раздаются человеческие голоса, много голосов, слышится бряцание железа, стук топоров, скрип колес.

Это идет князь новгородский Владимир с дружинами своими: норманнской, варяжской и новгородской. Идет он на обидчика Господина Великого Новгорода полоцкого князя Рогвольда, чтобы отомстить и ему, и его гордой дочери за страшной оскорбление, которое было нанесено ему, князю природному.

Скор и решителен был князь Владимир Святославович. Недолго засиделся он на Волхове после того, как новгородцы признали его своим князем. Спешит, пока горят к нему любовью новгородские сердца, расплатиться с злым ворогом за обиды, и нет у него даже малой жалости к тем, кого он замыслил обречь грозной смерти.

Добрыня Малкович остался за князя в Новгороде.

Княжья дружина где по рекам, на лодках, где по берегу идет. Часто приходится воинам прорубать себе путь через лесные гущи. Тогда начинает громко стучать топор, и валятся под ударами его простоявшие века великаны-деревья.

Когда дружинники останавливаются на ночлег, яркое зарево от бесчисленных костров поднимается к небесам, плывут стаями багровые облака, с громкими жалобными криками разлетаются потревоженные птицы, спешат забраться подальше в лесные чащобы вспугнутые звери.

Князь неутомим. Мало дает он отдыху своим воинам: идут, пока темная ночь не настанет, подымаются, чуть только свет забрезжит.

Владимир Святославович всем показывает пример неутомимости. Позже всех ложится он на походе спать, раньше всех поднимается. Большой путь нужно пройти ему и его дружинам, и пройти с такой быстротой, чтобы полоцкий князь не успел даже вестей получить о приближении неприятелей.

Близок и конец пути.

Там, где тихая Полота впадает в бурную Двину, залег у воды Полоцк. Крепкие высокие стены окружают его, рвы глубокие опоясывают со всех сторон. Силен Полоцк, могуч его князь Рогвольд. Течет в его жилах кровь норманнская, и битвы да жаркие сечи - его любимая забава. Таким сильным чувствует он себя среди беспредельных киевских лесов, что Новгорода не страшится, а когда прослышал, что приняли новгородцы опять к себе возвратившегося на Русь князя Владимира, так набежал он на области новгородские, много там людей побил, много селений выжег и лишь после этого ушел опять в свою лесную чащобу.

С одним только киевским князем Ярополком дружит полоцкий князь. Выдает он ему в супруги свою красавицу дочь Рогнеду, и к концу лета должен отправиться на Днепр. Там его Рогнеда станет великой княгиней, и не будет на всей Руси женщины выше ее. Она, как Ольга, мать Святослава, будет истинной правительницей всей огромной страны, раскинувшейся от Варяжского моря до Черного.

Слаб князь Ярополк, и умная Рогнеда сумеет подчинить его

своей воле, а по дочери и отец будет в целой Руси полномочным владыкой. Русь же не полоцкое княжество: поднять ее да пойти на богатую Византию, как Олег, Игорь, Святослав ходили, - большая добыча будет! Можно, пожалуй, тогда целое царство завоевать.

Честолюбивые мечты не давали покоя полоцкому князю; с гордостью поглядывал он на своих двух сыновей, удальцов-богатырей, вышедших во всем в отца: и могучей силою, и отчаянной храбростью.

Случилось так, что в то время, когда Рогвольд стал уже собираться в Киев, верные люди принесли ему весть о том, что идет на него с сильной дружиною новгородский князь.

Весь так и закипел ярым гневом полоцкий князь. Недавний изгнанник первый на него меч поднять осмеливался! Нужно показать ему, что не может остаться безнаказанной такая дерзость. Да разом, благо сам повод дает, уничтожить и врага киевского князя. Знал Рогвольд, что Владимир еще до своего ухода за море дал страшную клятву погубить старшего брата, понял он, что с тем новгородский князь и на Полоцк идет, чтобы уничтожить самого сильного из союзных Киеву князей. Решил он тогда же преградить дорогу наступающему неприятелю и начал созывать свои дружины.

Словно мошки из щелей, поползли со всех сторон полоцкой земли и синеглазые, русоволосые кривичи, и низкорослые, похожие на лесных зверей, дреговичи, великаны-северяне и лучшие полоцкие дружины самого князя.

Шли, собираясь, и пешие, и конные. Были вооружены кольями, короткими мечами, луками с длинными певучими стрелами; встречались воины, все вооружение которых составляла тяжелая дубина, бывшая в их руках, несмотря на свою кажущуюся простоту, грозным оружием; были и воины с рогатинами, с которыми они у себя, в лесных чащах, ходили в одиночку на медведя. Много-много собралось их, так много, что за стенами Полоцка места для них не хватало; и бесконечным лагерем стали они под городскими стенами, выжидая, пока князь поведет их на врага.

Когда собрались все, вышел князь Рогвольд на стены и окинул взглядом свои дружины. Радостью вдруг наполнилось его сердце. Трудно было бы потерпеть неудачу со столькими воинами!

Рогвольд был уверен, что у Владимира невелика дружина, по крайней мере, варяжско-норманнская. Новгородцев же полоцкий князь ни во что не ставил. Знал он, что эти воины только и храбры, что до первой неудачи. Вся их энергия пропадала, как только успех начинал склоняться в сторону неприятелей. Бросались тогда новгородцы врассыпную, и ни один вождь не мог удержать их в такие минуты; не выдерживали также никогда новгородцы слишком стремительного натиска, и поэтому никто не считал их серьезной боевой силой. Поэтому-то и был уверен полоцкий князь в своей победе.

Наконец, когда собрались все дружины полоцкие, Рогвольд решил, что настала пора выступать навстречу Владимиру; осведомлен он был, что спешно идет на него новгородский князь, что сильно утомлены далеким походом его воины.

На рассвете одного ясного дня началось выступление дружин Рогвольда. Оба сына полоцкого князя вели их; сам Рогвольд решил проследить за тем, чтобы никто не остался около города.

- Ухожу я, дочь моя любезная! - говорил он на прощание Рогнеде, - ухожу ненадолго. Возвращусь, наказав дерзкого. Я отведу его в Киев Ярополку, и будет он моим подарком твоему супругу!

- О отец! - только и проговорила в ответ Рогнеда. Тоска вдруг словно тисками сжала ей сердце. Она на мгновение закрыла глаза, и ей живо представился красавец новгородский князь, окровавленный, израненный, и в то же время гордый, властный, угрожающий, но не просящий пощады. И жалко, до боли сердца жалко стало гордой княжне Владимира, и поняла она, что нет у нее на душе зла против него, что и оскорбление нанесла ему только сгоряча.

А суровый грозный отец, прикасаясь прощальным поцелуем ко лбу дочери, говорил:

- А если не возьму я его, рабынича, живым, то отрублю ему голову и принесу ее тебе как лучший дар мой.

Он, несмотря на свои преклонные лета, с легкостью юноши вскочил в седло и умчался вслед за уходившими в леса дружинами.

Рогнеду окружили женщины, девушки, оставшиеся в Полоцке. Не было тревоги на их лицах. Весело проводили они своих мужей и покойно ожидали их возвращения.

В Полоцке оставалось несколько десятков воинов. Князь Рогвольд так был уверен в своей победе над Владимиром, что даже не нашел нужным оставить крепкую защиту своему стольному городу.

8

СТРАШНАЯ ВЕСТЬ

Никак не могла успокоиться в течение всего дня Рогнеда Рогвольдовна. Места нигде не находила себе в огромном княжеском тереме. Страшные предчувствия овладели ею и мучили ее так, что никуда она не могла уйти от них. И тем горше было у нее на сердце, что кругом нее все было полно самого искреннего веселья. По всему Полоцку раздавались веселые песни девушек, громкий смех, шутки, как будто не было совсем тяжелых мгновений расставания при отправлении в поход дружин.

Княжна Рогнеда и сама не знала, о чем тоскует ее душа. Она, как и все ее подруги, была уверена, что новгородское воинство будет разбито наголову дружинами ее отца, но как-то тяжело и страшно становилось при мысли об этой бесспорной, по общему мнению, победе. Почему-то новгородский князь не выходил из ее головы. Вспомнила его гордая Рогвольдовна, как живой рисовался он ей, этот "рабынич". Не в состоянии забыть была княжна Рогнеда, как он сам явился свататься к ее гордому отцу. Из терема еще видела она красавца князя, сердечко ее как-то забилось при одном взгляде на него, но потом от матушки да от нянюшек проведала, что распалился гневом Рогвольд на своего гостя, когда узнал, с каким делом он явился к нему. Вскоре сама она под влиянием отца возмутилась, что сын пленницы, положение которого в Новгороде в то время становилось очень шатким, осмеливается просить ее, княжью дочь, себе в жены. Послала она ему гордый ответ, но легче душе не стало. Отец и братья ее были довольны, но сама она горько раскаивалась в своих словах, и вот опять теперь живо напоминает о себе Владимир Святославович.

Женским чутьем поняла Рогнеда, что не вражда к Рогвольду и не жажда добычи ведет новгородского князя на Полоцк; что идет красавец-рабынич добывать ее, княжну Рогнеду. Добром, дескать, покориться не хотела, так силой возьму.

"Нет, не бывать этому! - думала княжна. - Не добраться ему до меня силой, сам сложит свою буйную голову".

И как только подумала она это, опять, словно тисками, сжала какая-то сила молодое девичье сердце.

Вот и день пролетел, тревожный, томительный. Ночь

наступила. Весь Полоцк уснул мирным сном. Только немногие часовые стражники на стенах стоят, перекликаясь друг с другом сонными голосами.

Дремлет княжна Рогнеда в своей опочивальне. Нет у нее сна. Мрачные предчувствия давят и мучают ее. Хочет заснуть, смежает очи - нет, вместо сна наступает забытье какое-то, и то ненадолго. Сладко похрапывает во сне старуха-мамка княжны, и Рогнеда полна зависти к ее безмятежному сну.

Вдруг необычный в такую пору шум заставил Рогнеду приподняться на постели. Ночная тишина была нарушена. Будто весь Полоцк проснулся среди ночи. Чует Рогнеда в доносящихся до нее отрывистых звуках смятение, ужас, горе.

Вскочила она, кое-как накинула на себя одежды, разбудила мамку. Шум тем временем все ближе и ближе становился. Теперь слышны уже отчаянные крики, плач, вопли, стон.

Не понимая, что такое случилось, княжна выбежала на крыльцо терема. В полусумраке исчезавшей ночи она увидала толпу женщин, детей, стариков и среди них немногих воинов, оставленных князем Рогвольдом для охраны Полоцка. При виде плачущей и вопящей толпы она сообразила, что произошло какое-то несчастье.

- Что случилось? - крикнула она. - Где отец?

Толпа сама выдвинула вперед окровавленного, едва державшегося на ногах человека, в котором Рогнеда едва признала одного из дружинников своего отца.

- Что битва? - спрашивала она, уже предугадывая ответ. - Где отец? Где братья? Где дружины?

- Горе, княжна, горе, - хрипло простонал раненый, - новгородский князь одолел. Дружины-кто перебиты, кто разбежался, кто в полон попал - нет их. Князь Рогвольд умер, братья твои, Рогвольдовичи, тоже. Горе нам, горе нам! Завтра ополдень новгородский князь сюда будет, Полоцк возьмет, всех нас перебьет!

Легкий стон вырвался из груди княжны, но она, пересилив невыносимую сердечную боль, воскликнула, желая ободрить всех этих жадно слушавших ее людей:

- Придет и уйдет. В Киев за помощью пошлем, а пока за стенами отсидимся. А ты рассказывай, как беда приключилась.

Раненый, путаясь в словах, то и дело обрывая речь, рассказал о печальном для Полоцка и всего полоцкого княжества событии.

Недолго пришлось князю Рогвольду искать своего врага. Через полдня пути от Полоцка встретились обе дружины. Видно, были у новгородского князя доброжелатели в Полоцке, ибо наступавшие его дружины ожидали Рогвольда и его рать в боевом порядке. Рогвольд послал сыновей посмотреть, много ли у Владимира воинов и какие они. Рогвольдовичи вернулись и сообщили, что против полочан стоят только новгородские дружины. Отец не поверил и сам отправился посмотреть. Увидев врагов, он весело рассмеялся. Оказалось их больше, чем ожидал полоцкий князь, но зато, как он убедился, это действительно были новгородцы. Они стояли узким полукружием, и наиболее густо в центре. Так обычно выстраивались новгородцы, рассчитывая маневром взять врага в клещи прежде, чем тот успеет нанести решающий удар. Но чаще происходило так, что неприятель быстро перестраивал свои боевые порядки и маневр не удавался. Именно это должно было случиться и теперь. Князь Рогвольд поставил свою главную дружину острым клином, намереваясь сперва рассечь надвое плотные ряды новгородского войска, а затем разрозненные его части уничтожить силами остальных дружин.

Удивительно ему было, что в новгородской рати совсем не видно было варягов, которые, как знал он, пришли с Владимиром из-за моря. Но он сейчас же объяснил себе это тем, что варяжские дружины оставлены в Новгороде, дабы в случае поражения Владимир мог удержать в своей власти Приильменье. Такое соображение, казавшееся вполне вероятным, так успокоило полоцкого князя, что он не счел нужным производить тщательных разведок и торопился начать битву, которая, по его мнению, должна была закончиться еще до наступления темноты.

Место было неудобное для нападения. Неприятелей разделяла речка, приток Полоты. Чтобы добраться до новгородской рати, нужно было переправиться через нее, однако Рогвольд рассчитал, что места все-таки хватит для атаки его дружины на новгородцев. По его знаку тучи стрел понеслись за реку. Оттуда ответили тем же. Со свистом летали стрелы, не причиняя, впрочем, особенного вреда; но под прикрытием стрельцов полоцкие дружины, предводимые младшим Рогвольдовичем, начали переправу.

Полоцкий князь зорко следил за наступлением своих дружин. Стрелы полочан произвели свое действие: осыпаемые ими неприятели медленно стали отходить, сохраняя, однако, своей прежний боевой порядок. Опять Рогвольд был удивлен, но и тут приписал отступление новгородцев их полнейшей неспособности выдержать натиск. Пока он размышлял, старший Рогвольдович переправил своих воинов за реку и, построив, как приказал отец, повел их, все убыстряя темп, вперед, стараясь при этом ударить острым концом живого клина прямо в середину неприятельской рати. Лишь только начался этот маневр, младший брат сейчас же двинул за реку остальные дружины, чтобы немедленно поддержать нападавших.

Рогвольд с группой бояр и воинов остался на берегу, любуясь движением своих отрядов. Он видел, как заволновались враги, как заколебались их ряды по мере того, как подходили предводимые его старшим сыном дружины.

Но вот врезался живой клин в самый центр новгородцев и с силой, которой, казалось Рогвольду, никто не мог бы сопротивляться, раздвинул пополам живую стену. Все дальше входил клин, а новгородская рать только разделилась, а не бежала. Слышен был отчаянный шум боя. Мечи и топоры с сухим треском ударялись в щиты. Вопли раненых оглашали воздух. Второй отряд, предводимый младшим Рогвольдовичем, кинулся вперед и тоже ударил по новгородцам. Все перемешалось. Друзья и враги бились в одной куче. Однако новгородцы стояли на своих местах. Рогвольд вдруг задрожал. То, что произошло дальше, наполнило ужасом его душу. Раздался протяжный заунывный вопль, в котором полоцкий князь сейчас же признал боевой клич берсерков. И картина боя сразу же изменилась.

9

ПОБЕДА

Новгородский князь прекрасно знал тактику своего противника и поэтому предугадал, к какому маневру прибегнет Рогвольд. Он на флангах своего боевого расположения поставил варягов и норманнов, спереди прикрыв их рядом воином-новгородцев. Новгородцы занимали и центр. В резерве были еще смешанные дружины, сам же князь с отборными воинами расположился поодаль, сбоку от главной боевой массы.

Когда Рогвольдович ударил своим "клином" в центр, то совсем быстро прорвал его. Однако, увлекшись легким боем, он продолжал гнать новгородцев, бежавших перед ним, и не остановился даже тогда, когда передовые его воины проскочили сквозь все ряды неприятельских дружин. Но тут-то с двух сторон с боевым кличем и ударили на полочан варяги, предводимые Эриком, и норманны с Освальдом. Словно две стены сдвинулись и сдавили собою Рогвольдову дружину: это были привыкшие к битве в открытом поле новгородцы. С поразительной быстротой полочане были разделены, сбиты, смяты, а кинувшиеся к ним на помощь дружины младшего Рогвольдовича, плохо вооруженные, способные только к напору массою, а не к обороне, были охвачены с флангов, обойдены с тыла и защемлены в тесном живом кольце.

Началась уже не битва, не сеча, началось страшное избиение. Несчастным воинам Рогвольда приходилось сражаться чуть не по одиночке. Быстро вырастали то там, то тут груды тел. Старший Рогвольдович мечом проложил себе дорогу к брату. Они стали, крепко прижавшись спина к спине, и богатырскими взмахами меча поражали всех, кто приближался к ним. Оба брата обладали необыкновенной силой. Мечи их со свистом взвивались в воздухе. Младший сын Рогвольда разрубил от плеч до пояса какого-то варяга, сунувшегося вперед; старший, как бритвой, срезал мечом голову напавшего на него норманна.

Эти двое богатырей одни стоили неприятелям многих воинов. Около них все росла и росла груда тел, когда на старшего Рогвольдовича кинулся Эрик, вождь варягов. Заметив нового врага, богатырь схватил обеими руками меч и размахнулся им над головой, готовясь нанести исполинский удар. У Эрика был только короткий меч и щит. С громким кличем кинулся старый варяг на княжича. Страшный меч опустился с силою, способной раздробить камень, но Эрик, следивший за каждым движением Рогвольдовича, быстро отпрянул в сторону, подставив наискось свой щит под удар. Лезвие страшного меча скользнуло по коже варяжского щита; взмах же был так силен, что Рогвольдович, не ожидавший встретить перед собою пустоту, сильно покачнулся и вслед за мечом склонился к земле.

Варяг только и ждал этого; высоко подпрыгнув, он вонзил свой меч в шейные позвонки богатыря, ниже затылка. Удар был нанесен верной рукой. Со стоном рухнул на землю Рогвольдович. Его брат оглянулся назад, и в этот же миг десятки новгородских копий, разрывая на нем панцирь, вонзились в тело. Жалобный, душу надрывающий крик пронесся по полю битвы и затерялся в бесконечном хаосе звуков. Рогвольд угадал, что происходит. Ярость, исступление, отчаяние ослепили его. Не помня себя, он тронул своего коня и стремглав кинулся с оставшейся у него кучкой воинов туда, где гибла его дружина, где умирали его сыновья. Но только он перебрался через реку, как ему наперерез кинулся с своими воинами Владимир Святославович и преградил путь вперед. Полоцкий князь сейчас же узнал врага. Страшная злоба закипела в нем.

- А, рабынич, - захрипел он, - нашел я тебя!

- Защищайся, Рогвольд, - закричал ему в ответ Владимир. - Кончим честным боем нашу распрю.

Рогвольд остановился.

- Я убью тебя! - опять захрипел он.

- Сперва добудь меня! - рассмеялся новгородский князь. - Слышишь, Рогвольд, обещаю тебе: если ты победишь меня, то уйдешь свободным; никто не тронет тебя, и твой Полоцк останется цел. Принимаешь ли бой?

- Принимаю, становись.

С этими словами полоцкий князь соскочил с коня.

- Слышите, вы, - громко закричал Владимир Святославович, - честным боем мы будем биться. Пусть Рогвольд уходит, если боги даруют ему победу. Пусть и Полоцк его остается тогда неприкосновенным для вас!

Молод был новгородский князь. Молодецкая удаль говорила в нем. Зазорным показалось Владимиру не принять участия в бою, да и не хотелось ему, чтобы его противник, полоцкий князь, пал от руки какого-нибудь пришельца-скандинава. И вот, рискуя собой, рискуя всем задуманным делом, он вызвал Рогвольда на поединок. Его противник всюду славился как искуснейший боец. Даже в Скандинавии, откуда в дни своей ранней юности вышел Рогвольд на Русь, хорошо было известно его имя. Да Владимир Святославович и не хотел легкой победы: недаром он выучился и искусству викингов биться один на один, - и новгородский князь бестрепетно вступил в схватку.

Вокруг замерли в напряженном молчании их воины. Такие поединки далеко не были редкими. Часто князья или предводители дружин схваткой между собой решали исход битвы. Для таких боев вырабатывались даже своеобразные условия, согласно которым никто не смел вмешиваться в поединок и подавать противникам какую-либо помощь.

Неожиданное обстоятельство помешало немедленно схватке противников.

Запыхавшись от быстрого бега, около Владимира появился

Эрик. Старый варяг нес какой-то мешок, из которого сочилась кровь.

- Вот тебе, конунг, подарок от меня, - с хриплым смехом закричал он и, раскрыв мешок, выкинул из него две окровавленные головы.

Увидев их, Рогвольд заревел, как смертельно раненый зверь: это были головы его сыновей.

- Убери, Эрик! - крикнул Владимир, мельком только взглянув на этот кровавый трофей.

Да и не до того ему было. Рогвольд бешено устремился на него, держа в правой руке меч. Владимир едва успел отбить его неистовый удар, но острие Рогвольдова кинжала все-таки скользнуло по его панцирю и вырвало ряд колец. Новгородский князь успел отскочить и ловко ударил снизу верх по мечу Рогвольда. Однако и тот отпрянул в сторону и, перебрасывая с поразительной ловкостью меч из правой руки в левую, нанес удар сбоку. Но противник следил за ним и, легко бросившись вперед, ударил полоцкого князя в грудь своей грудью. Меч просвистел по пустому месту и, вырвавшись из рук Рогвольда, отлетел далеко в сторону.

- Клянусь Гремящим Громом, - не утерпел Эрик, с напряженным вниманием следивший за схваткой, - молодецкий натиск и отбит по-молодецки. Вот что значит побывать в Скандинавии!

Но Эрик быстро смолк. Рогвольд, увидав около себя так близко новгородского князя, не растерялся, принял его в свои могучие объятия. Старый богатырь напрягся и оторвал Владимира от земли, высоко подняв над собою. Казалось, что князь погиб, ибо ясно было, что Рогвольд сейчас же ударит его об землю; но Владимир могучим движением приподнялся еще выше на руках полоцкого князя, рванулся вперед и сверху всей тяжестью своего тела опрокинулся на плечи врага. Так же, как и Рогвольд, он был, кроме меча, вооружен коротким кинжалом, который остался у него в руке. Еще мгновение - и острие смертоносного оружия впилось в плечо богатыря, направленное рукой его противника за ворот панциря. Послышался жалобный стон, руки Рогвольда разжались. Владимир сейчас же выскользнул из вражеских объятий, схватил с земли упавший во время схватки меч и, отпрыгнув назад, стал, готовый отразить новое нападение.

Рогвольд стоял еще на ногах. Голова его была закинута назад, рот широко открыт, руки хватали воздух. Так прошло несколько мгновений. Вдруг полоцкий князь зашатался, колени его подогнулись, и он с громким стоном тяжело упал к ногам своего победителя.

Радостный крик вырвался из груди воинов новгородского князя, и они, размахивая мечами и секирами, кинулись на воинов Рогвольда. Те встретили их с отчаянной решимостью погибающих. Опять застучали мечи но теперь не могло быть сомнений - Владимир одержал над полочанами полную победу.

10

ВЗЯТИЕ ПОЛОЦКА

Битва, действительно, кончилась до темноты, но только победителями из нее вышли не полочане. В первом своем сражении на пути к Киеву Владимир Святославович одолел грозного и могучего врага. Дорога на Полоцк была открыта.

Мало кто уцелел из Рогвольдовых дружин. Варяги, норманны и рассвирепевшие, охваченные сознанием победы новгородцы не давали побежденным пощады. Дружинам же новгородского князя победа далась малой кровью: убитых были десятки, раненых совсем немного.

Победители перешли через речку и расположились на поляне, где еще недавно стояли рати несчастного полоцкого князя. Запылали костры, и усталые воины, все еще охваченные пылом только что кончившегося боя, группами собирались вокруг них, толкуя о пережитых опасностях.

Князь Владимир и его бой с Рогвольдом были у всех на языке. Владимиром Святославовичем восхищались даже отчаянные храбрецы-варяги. И восхищала их не столько самая победа князя, сколько его ловкость в этой отчаянной схватке - схватке не на жизнь, а на смерть.

Сам Владимир, однако, не был доволен. После боя Эрик приподнес ему третью голову - Рогвольдову. Когда князь вместе со своими воинами ударил на полочан, старый варяг добил Рогвольда и отрезал его голову, думая, что таким трофеем он доставит удовольствие своему вождю.

Однако он ошибся.

- Зачем ты сделал это? - с видимым неудовольствием сказал ему Владимир. - Я только ранил его. Он мне нужен был живым.

- Только тот враг не опасен, конунг, который мертв.

- Да, но Рогвольд-то мне нужен был живым!

- Если бы он не умер, он собрал бы новую рать.

Владимир махнул на Эрика рукой. Гнева на преданного варяга у него быть не могло, хотя он и рассчитывал привести Рогвольда и его сыновей в Полоцк пленниками и в таком виде показать их гордой Рогнеде. Это было бы его местью за нанесенное ему княжной оскорбление. Однако судьба уготовила полоцкому князю и его сыновьям смерть на поле битвы, избавив их такой ценой от тягостного унижения.

"А я все-таки покажу Рогнеде, как мстит рабынич", - думал Владимир, и эта мысль не оставляла его ни в ночь после битвы, ни на другой день, когда с солнечным восходом его дружины отправились далее в поход, на этот раз уже к стенам Полоцка.

После полудня, как и говорил княжне Рогнеде печальный вестник, Владимир со своими воинами подходил к городу.

Глубокая тишина царила за стенами Полоцка.

Будто вымер весь город. Но когда осмелевшие дружины попробовали подойти ближе, в них со стен полетела такая туча стрел, что они, не ожидавшие ничего подобного, стремглав бежали прочь.

Владимир, стоявший на холме, увидел это бегство. Ярый гнев овладел всем его существом. Бегут! Его дружины, только что одержавшие славную победу над полоцкой ратью, бегут! Может быть, гордая княжна, так жестоко оскорбившая его, смотрит сейчас на это бегство, и душа ее наполняется злобной радостью.

"Рабынич! Рабынич! - промелькнуло в голове Владимира воспоминание об оскорблении, полученном им когда-то от Рогвольдовны. - Так нет же, лучше смерть, чем такой позор!"

Он что было сил ударил коленами в бока своего коня. Непривычный к такому обращению, конь сорвался, вздрогнул, запрядал ушами и вдруг, рванувшись с места, крупными скачками понес своего всадника прямо в гущу беглецов.

Вожди, окружавшие Владимира, не поняли сперва, в чем дело. Им показалось, что конь испугался и понес князя. Ужас объял этих суровых людей, когда они увидели, что конь ураганом мчится к полоцким стенам, сваливая грудью всех, кто попадался навстречу.

- Князь, князь! Спасайте князя! - раздались тревожные крики.

Этот вопль отрезвил бегущих воинов. Они остановились все разом. Еще мгновение - и страх их исчез так же быстро, как и появился. Опасность положения была понята всеми.

Владимир Святославович, в сверкавших на солнце доспехах, мчался один по равнине. В правой руке его виден был на отлете обнаженный меч. Изо рта коня на белую шерсть брызгала кровь вперемешку с пеной. При очередном прыжке конь споткнулся и упал на одно колено, но быстро поднялся и помчался вперед. От толчка шлем свалился с головы красавца-князя, но он не заметил этого. Его ярко-золотые кудри развевались по ветру, он был так красив в эти мгновения, что даже его дружинники останавливались и любовались им.

И за полоцкой стеной тоже были поражены видом князя. Стрелы уже не сыпались оттуда, словно последние защитники города поддались очарованию всадника. Этим воспользовались пришедшие в себя княжеские дружины. С дикими криками бросились воины Владимира снова к городским стенам. Князь в это время с несколькими всадниками, среди которых находился Освальд, оказался уже у ворот Полоцка. Его добрый конь легко перепрыгнул ров, и Владимир очутился на узенькой тропинке около стены. В неистовом гневе рубил он мечом ворота. Но крепкий дуб не поддавался его богатырским ударам.

За стенами оцепенение уже прошло. В осаждающих сыпались стрелы, камни, лилась потоками горячая вода и пылающая смола. Но все-таки сопротивление было слишком слабое и не могло остановить нападавших. Они разгорячились недавним своим промахом и, видя своего князя у ворот Полоцк, удваивали усилия, стараясь успехом загладить неудачу. Ров уже местами был засыпан. Откуда-то появились бревна, и, раскачивая что было силы, воины ударяли ими в частокол полоцкой стены. Удары были так сильны, что слышен был уже хруст и треск надламывавшихся бревен. По-соседству с ними другие удальцы ловко вскарабкивались на тын. Едва только последние добрались до верха, разом прекратилось всякое сопротивление. Тем временем с помощью бревен разбиты были ворота, и Владимир ворвался в Полоцк.

Но, едва очутившись за воротами взятого города, князь остановился в изумлении и чуть было не выронил меч. Его глазам предстало странное воинство, подобного которому он никогда и нигде еще не видел. Луками, мечами, секирами были вооружены полоцкие женщины. Это они встали на защиту родного города и обратили при первом штурме в бегство новгородские дружины! Теперь они все, испуганные, плачущие, побросав оружие, толпою окружили свою молодую красавицу-княжну, гордо смотревшую на грозного победителя.

Владимир громким окликом остановил штурм; он опустил своим мечом мечи варягов.

- Стыдитесь! - крикнул он. - Ведь это женщины!

В это время и через тын, и через ворота в побежденный Полоцк вливались все новые и новые толпы победителей. Теперь всем дружинникам было уже известно, что за воины обороняли от них эту твердыню, и им невольно становилось стыдно. В шутках да прибаутках старались они скрыть свое смущение. Глядя на них, и суровые варяги пришли в добродушное настроение. Среди них слышен был смех, порой переходивший в хохот. О битве уже никто не думал, а о победе даже забыли.

Владимир после первых мгновений невольного смущения встряхнул кудрями, вложил в ножны меч и пошел к Рогнеде. Толпа женщин расступилась, и княжна осталась одна пред новгородским князем. Она, гордая, словно изваяние, стояла на ступеньках, глядя сверху вниз на приближавшегося победителя.

- Рогвольдовна! - крикнул, подходя, Владимир. - Рабынич победил твоего отца. Что скажешь?

- Скажу, что злые силы были за тебя, - ответила Рогвольдовна. - Ты не победил, а осилил.

- Пусть так, но я осилил в честном бою. Я бился с Рогвольдом один на один.

- И отец умер? - тихо спросила Рогнеда.

- Вот эта самая рука поразила его, - поднял новгородский князь свою правую руку, - но клянусь, я хотел бы, чтобы он остался жив! Моя месть была бы более сладка. Но что поделать. Если бы я не поразил его, он убил бы меня.

- А братья? - спросила, замирая, княжна.

- Увы! И они легли. Пали смертью храбрых. Из всего вашего рода существуешь лишь ты.

- Вот они! - вдруг вмешался Эрик, успевший за время этого разговора приблизиться к князю.

Он раскрыл свой страшный мешок и выкатил из него к ногам Рогнеды головы ее отца и братьев. Отчаянный вопль вырвался из груди пораженной ужасом княжны. Она кинулась к дорогим останкам и долгим поцелуем впилась в окровавленный лоб головы отца.

Горе ее было так жгуче, так потрясающе, что Владимир смутился и отступил назад.

11

РОГВОЛЬДОВНА

- Батюшка, родимый мой, братцы мои любезные! - причитала Рогнеда. - Покинули вы меня горемычную, покинули меня. Убили вас люди злые.

Княжна не плакала, но в воплях ее слышалось такое горе, что все вокруг нее притихли, давая ей излить свою печаль.

Владимир стоял потупившись.

Нехорошо было у него на сердце, не того совсем ждал он от свидания. Месть совершенно не удовлетворила его, не дала ему наслаждения, он чувствовал, что совесть мучает его и что лучше бы было у него на душе, если бы не было этих трех смертей или если бы они, по крайней мере, были скрыты от Рогнеды.

- Рогвольдовна! - тихо приблизившись, сказал Владимир, стараясь говорить как можно нежнее и ласковее. - Успокой свое горе. Клянусь, они умерли, как храбрецы, утешься!

Голос новгородского князя к концу этой речи уже звучал неподдельным чувством сострадания. Горе несчастной дочери полоцкого князя тронуло его до глубины души. Жгучее чувство обиды за нанесенное когда-то оскорбление стихло и на время забылось.

- Рогвольдовна, - проговорил еще раз Владимир, - утешься!

Рогнеда, почувствовав прикосновение его руки, вдруг выпрямилась и откинулась всем телом назад. Глаза ее сверкали, ноздри раздувались, высокая грудь так и волновалась.

- Прочь, убийца! - закричала она. - Как ты смел прикоснуться ко мне? А, ты убил отца, и дочь - твоя добыча! Так нет же! Никогда дочь князя Рогвольда не станет твоей рабой. Я родилась свободной и умру свободной!

Что-то сверкнуло над головой молодой девушки. Это Рогнеда выхватила из складок своего платья спрятанный там длинный, острый кинжал и взмахнула им, намереваясь вонзить его острие в свое сердце. Еще одно мгновение - и она пала бы бездыханной на крыльцовый помост, но Владимир предвидел это движение. Он метнулся вперед и успел схватить руку Рогнеды.

- Клянусь Перуном, ты не умрешь, Рогвольдовна! - вскричал он. - Довольно смертей, довольно крови!

Девушка сильно рванулась.

- Пусти, княже! - хрипло проговорила она.

- Нет, нет. Брось сперва кинжал.

Он тихо опустил руку Рогнеды, все еще сжимавшей рукоять кинжала. Полоцкая княжна, словно пробудившись от тяжелого, томительного сна, смотрела на него широко раскрытыми глазами. Казалось, она только впервые увидала красавца Святославовича и теперь во все глаза рассматривала его как совершенно нового, незнакомого человека. Владимир тоже смотрел ей прямо в глаза своим ясным, лучистым взором. В эти мгновения эти двое людей как будто без слов говорили друг с другом.

Толпа норманнов, варягов, новгородцев, полоцких женщин, храня безмолвную тишину, стояла вокруг крыльца, не спуская глаз с князя и Рогнеды. Не одно сердце замирало теперь в ожидании исхода этого немого объяснения. Все понимали, что там, на крыльце, между этими людьми идет борьба, и борьба последняя. Боролись их души, их сердца, и невозможно было сказать, кто будет победителем.

Вдруг что-то звякнуло. Это сама собой разжалась рука Рогнеды, и выпал из нее кинжал. Вздох облегчения вырвался из многих грудей. Князь осилил гордую волю полоцкой княжны, она покорилась. Тихие слезы катились из прекрасных глаз Рогнеды. Ее гнев, ее ненависть угасли, и вместо них явилась покорность случившемуся.

- Прости меня, княже, - проговорила сквозь слезы Рогнеда, - прости меня. Я не была права. Я верю, что ты победил в честном бою. Такоза судьба, такова воля высших богов.

- Рогнеда! - воскликнул Владимир. - Я рад, если ты так думаешь. Не плачь же, перестань горевать. Погибли твой отец, твои братья, пусть я заменю тебе их. Забудь, Рогвольдовна, прошлое, как я хочу забыть его, как в эти мгновения уже забыл его. Ты не раба, ты не моя добыча! Будь со мною княгиней. Скажи, Рогвольдовна, или не видишь ты, куда я иду? Горе Ярополку! Он слишком слаб, чтобы быть на киевском столе. Я сяду скоро на его место, и вся Русь соединится около меня. Так скажи, неужели ты будешь помнить, что я сын рабыни?

- Нет, нет, - послышался в ответ тихий шепот, - ты князь, ты великий князь. Ты победитель.

- Да, Рогвольдовна, да, говори еще. Твои слова ласкают мою душу. Ты первая называешь меня так, и так да будет!

Рогнеда слегка отстранила Владимира.

- Благодарю тебя, княже, за то, что не подвергаешь ты меня унижению. Но доверши свою милость, позволь мне удалиться и выплакать свое горе. Еще милости прошу: прикажи честно похоронить то, что осталось от братьев и отца.

- Все будет по-твоему, Рогвольдовна, все! - воскликнул Владимир. - Я принесу жертвы на могильном кургане, и мои воины справят великую тризну по твоим убитым. Все. Приказывай еще.

- Не приказываю, милости прошу.

- Что, что, Рогвольдовна?

- Не разоряй Полоцка.

- Здесь ты родилась и жила: Полоцк останется целым. Эй, Эрик, пусть твои воины не осмеливаются трогать города. Я приказываю! Горе тому, кто ослушается. Рогвольдовна, иди же. Плачь, рыдай, но помни, что горе не вечно, что после горя всегда наступает радость. Ты горюешь, и я разделяю твое горе, но я полон ожидания радости.

- Какой? - тихо спросила княжна.

- Я уже говорил. Ты не ответила только. Слово, лишь слово скажи мне, гордая Рогвольдовна. Но пусть это слово из души идет. Пусть оно будет свободно. Такого я хочу от тебя слова. Не можешь сказать его - лучше молчи. Я пойму твое молчание.

- Мое слово будет свободным. Что желаешь знать?

- Скажи мне. Так скажи - помни, от свободной души обещала мне сказать, - скажи мне, Рогвольдовна, меня, рабынича, разуешь ли ты?

Он вдруг смолк, устремив молящий взор на лицо Рогнеды. Владимир как будто хотел угадать ее ответ.

Тихий вздох, подобный шелесту набежавшего ветра, вырвался из груди гордой дочери полоцкого князя; потом она потупилась, зарделась, и Владимир услыхал, как тихо, тихо прошептала она одно только слово:

- Разую!

Князь отпрянул от нее. Лицо его пылало, глаза ярко сияли радостью, счастьем, сознанием полной победы.

- Иди же, иди, великая княгиня Киевская! - громко крикнул он, - иди плачь о своих мертвых. Счастье впереди. А вы, дружина моя, - обратился он к своим воинам, - знайте, беру я за себя супругой Рогнеду Рогвольдовну. По мне чтите ее и величайте. Полоцк же ее родиною будет, имением вечным, и никто не смей разорять его. Каждый же часть добычи своей от меня получит, ибо не хочу никого обижать я.

Владимир в пояс поклонился Рогнеде:

- Отныне я тебе и отец, и братья, и горе тому, что осмелится пойти против меня.

Рогнеда, сопровождаемая своими подругами и

прислужницами, удалилась в терем. Князь сошел к дружине. Оказались недовольные его решением пощадить Полоцк от разграбления и погрома; и большинство их оказалось среди новгородцев. Однако варяжская и норманнская дружины были на стороне князя. Он пристыдил своих славянских товарищей, напомнив, что и в битве новгородцы покинули поле первыми; что бежали от города, защищаемого одними лишь женщинами, и что Полоцк взят как бы одним только князем Владимиром.

Пользовавшиеся наибольшим значением вожди одобряли Владимира. Правда, уничтожена была полоцкая дружина, но оставалась еще земля. Трудно было бы бороться со всеми племенами, подчинившимися Рогвольду, теперь же по Рогнеде Владимир Новгородский становился законным князем всей полоцкой земли, и борьба уже представлялась не такой тяжелой, а потому и для охраны Полоцка не нужно было оставлять многочисленных дружин.

Шумный, веселый пир затеялся, когда все успокоилось в княжеских палатах несчастного Рогвольда. Весел и радостен был князь Владимир Святославович. Сокрушен был оплот Киева и Ярополка, побеждена гордая Рогвольдовна. Все исполнилось, как хотел Владимир, и ликовала его душа, хотя нет-нет, да, как облачко на синее небо, набегало на его душу воспоминание о клятве - не щадить христиан, быть их врагом, - данной им арконскому жрецу Беле.

ЧАСТЬ ТРЕТЬЯ

1

ХРИСТИАНЕ ДРЕВНЕГО КИЕВА

Широкой синей лентой извивался красавец Днепр среди своих холмистых берегов.

Многие изгибы, образовывавшие колена луки, то суживали великую славянскую реку, то вдруг выбрасывали ее на безграничный простор степей. Низменный берег Днепра весь сплошь был покрыт темневшими на солнце лесами, а на гористом берегу, на высоких, значительно отступавших от воды холмах, пестрел своими бесчисленными, разбросанными по скатам постройками стольный Киев.

Конечно, тот древний Киев весьма мало походил на современный.

Мазаные домики-хаты разбегались во все стороны, словно сползая к волнам Днепра с прибрежных высот. На макушке самого высокого из холмов виден был огороженный высоким частоколом Детинец, за ним помещались Служилые палаты, нечто вроде теперешних правительственных учреждений, небольшие вместительные палаты князя и хоромы дружинников, меньшинство которых составляли пришельцы-варяги, а большинство - "обваряживавшиеся туземцы, славяне-днепровцы".

В некотором отдалении от главного холма, но совсем недалеко от воды, также на холме, резко выделяясь среди роскошной зелени, виднелось несколько славянских стыдливо притаившихся белых хаток. На самой же вершине этого холма стояла грубовато срубленная из толстых лесных деревьев небольшая церковь. Это был храм святого Илии. Он существовал с того еще времени, когда первые варяги, Аскольд и Дир, после своего неудачного похода на Византию приняли христианство. Они часто бывали в этом храме; а когда смерть незаметно застала их, то около него они были и похоронены.

Могилы первых князей-христиан стали символом веры для всех последователей Христовой веры. Около них немедленно начали ютиться все те, кто был озарен светом великой истины; таким образом, вырос сам собой небольшой христианский поселок. Поселялись в нем преимущественно киевские христиане и учителя христианской веры, приходившие с Юга и не встречавшие отказа в приеме. Находили здесь убежище также и те христиане, которые почему-либо должны были покинуть далекий Север и спешить под благодатное киевское небо.

Мало-помалу образовалась христианская община, находившаяся под верховенством священнослужителей-пресвитеров, которым в их многотрудных обязанностях помогали диаконы из славян.

Как и всегда при начале какого-нибудь дела, небольшая община была тесно сплочена; члены ее жили между собой дружно, не зная ни вражды, ни зависти и преследуя исключительно только общий интерес. Ни пресвитеры, ни диаконы, ни общинники не ставили своей главной непременной целью немедленное распространение в днепровской стране Христова учения: все они понимали, что для этого не настало еше удобное время. Они стремились лишь к тому, чтобы укреплять в Христовой вере тех, кто принял ее; а таковых было немало, и чем дальше шло время, тем число их становилось все больше и больше.

Причина этого лежала прежде всего в образе жизни первых христиан Киева.

Они казались странными и непонятными для современников, полны самого чистого, самого высокого самоотречения; вся жизнь их была воплощением добра и правды, а это так было не похоже на окружающее.

Не было в Киеве и окрестностях бедняка, который, в случае надобности, не получил бы помощи от киевских христиан; не было несчастного, которому бы эти христиане не пришли на помощь. Эти люди действительно следовали словам Христа о необходимости возлюбить ближнего, как самого себя. При этом вопрос о вере, к которой принадлежал страждущий, не служил препятствием в их добрых делах. Киевские христиане, делая добро, оказывая помощь, не разбирали, кто нуждается в этой помощи: христианин или язычник.

Такое отношение имело следствием то, что со всей окрестной страны в их небольшую общину стекались все сирые и убогие. И христианский маленький храм, стоявший на горе, был столь же известен среди народа, как и Детинец с княжескими хоромами.

2

В ПРОВИДЕНИИ ГРЯДУЩЕГО

В те дни, когда Владимир Новгородский завоевывал Полоцк, в Киеве шли торжественные приготовления к пышной встрече полоцкой княжны.

Там еще не ведали о том, какая участь постигла ее, и продолжали считать Рогнеду невестой князя Ярополка, будущей княгиней Киевской.

Первыми узнали о половецком разгроме христиане храма святого Илии. Известие об этом вызвало там большую печаль.

- Какие времена настали, православные, - восклицал старичок священнослужитель, - брат восстает на брата, Владимир идет на Ярополка; что будет далее, никому из смертных неведомо, единому только Господу.

Многие выражали удивление жестокостью Владимира, вспоминая, что в Киеве он был совсем иным.

- Да, да, превеликой Еленой, равноапостольной бабкой своей, Владимир был взращен, - поддерживали другие, - святые семена Христовой веры посеяны были в душе его; и рос он и юношей стал, вполне готовый к святому крещению. А как прибыл в этот Новгород, так словно другим человеком стал.

- Но разве неизвестно вам, - воскликнул на это один из общинников, - что Владимир в Арконе уже успел побывать и с тамошним жрецом-правителем дружбу и союз заключил?

- Ну, что ему Аркона, - послышались голоса. - Арконский Святовит для него то же самое, что и Перун киевский. Думается, что Святовита, как и Перуна, он знать не хочет.

- Хочет или не хочет, глубоко то в его душе сокрыто, а только во всех его действиях перст Божий виден, - заявил священник.

- Как это так? - раздались недоумевающие голоса.

- Вот как. Послушайте меня. Божья воля всеми поступками и делами человеческими управляет. Сказано в писании, что ни единый волос не упадет с головы человеческой без воли Божьей. Случай хороший, православные; напоминаю я вам из прошлого. Не с великой ли силой князья наши Аскольд и Дир пришли к беззащитной Византии - незаметно налетевшая буря разметала их воинство. Разве слепцы только не увидели в том руку Всевышнего. Вот точно так и теперь: князь Ярополк убил своего брата Олега Древлянского, и младший брат их

Владимир, сам того не понимая, выступил мстить братоубийце. Знаю, что вы возразите мне, скажете, что это дело не Божие, а я вам отвечу, что смертным не дано знать пути Божий, мы не можем ведать, откуда идет все то, что переживать нам приходится. Ярополк идет на Олега, Владимир идет на Ярополка; что будет, если Владимир верх возьмет и станет стольным нашим князем? Припомним, православные, что премудрой бабкой своей Еленой-Ольгой взращен был Владимир, Елена же по воле Творца прониклась светом Христовой истины, и великую правду здесь слышал я, что семена Христовой веры глубоко посеяны в душе новгородского князя. Он не христианин теперь, он кланяется Перуну и живет так, как жили его отцы и деды, но чувствую я и духовными очами вижу то время, когда семена христианства взойдут на добротной ниве и тот самый новгородский князь Владимир, на которого вы так негодуете теперь, станет светочем Христовой веры!

- Так, отец, - выступил один из пожилых общинников, - мы верим, что твой духовный взор проницает будущее, но позволь тебе сказать не в упрек, а ради разрешения недоумения нашего.

- Говори, сын мой, - кротко сказал старик.

- Ты говоришь о том, что может сделать Владимир. Возможно, так и будет, как ты говоришь, но это еще только будет, а между тем в настоящее время мы имеем на княжеском престоле Святославова сына, Ярополка, который до нас милостив, как ни единый из князей еще не был; ты говоришь, что Ярополк повинен в смерти брата своего Олега, а мы знаем, что смерть Олега подстроил Свенельд в месть за сына своего Люта, князь же Ярополк ежели и повинен, то в том лишь, что начал братоубийственную борьбу. Вспомним, отец, кто такой был Олег Древлянский. Ведь если так судить, то он только один образ человеческий имел, а по нраву своему лютым зверем сказался: он ли был не убийца, он ли был не насильник? И не сделал ли доброго дела Ярополк, не пощадив его?

- Ой, ой, ой, сын мой! - сокрушенно покачал головой священник. - Вижу я, что далеко еще сияет от тебя свет Христовой истины. Как можешь ты судить брата своего, как можешь оправдывать ты человека, пролившего кровь ближних? Одно только может служить тебе оправданием: лишь Промысл Господний управлял Ярополком, и если бы не было воли свыше на то, не коснулся бы он брата своего.

- Пусть так, - упрямо ответил общинник, - и спорить я не буду об этом, и не к тому я речь свою вел. Я вот что хотел сказать. Мы еще совсем не знаем, каков будет Владимир

Новгородский, если воссядет на престол брата своего. По его делам да поступками думать можно, что хорошего от него ждать нечего, а от Ярополка мы уже видим хорошее. Разве он не хорош к нам, христианам, не милостив, разве не бывал он здесь, у этого храма, не вел ли благочестивых бесед со старцами нашими? А потом, разве притеснял он тех дружинников, которые были с ним, не покидая веры Христовой, или гнал кого за то, что исповедывал тот эту Христову веру? Нет, отец, мы, овцы твоего стада, от Ярополка видели лишь добро, а увидим ли от Владимира, того не знаем.

- Сын мой, - перебил говорившего старец, - прав ты во всем, что сказал. Добрый, милостивый к нам князь стольный Ярополк Святославович, куда добрей, чем Олег Вещий и Игорь, и Святослав, его отец; но только доброта его такая, что пользы народу не приносит: Ярополк добр потому лишь, что не любит он трудов и забот, весь в деда своего Игоря, его не трогают, и он не трогает, но ежели нашепчет кто ему в уши, что мы вот здесь, все собравшиеся, вред приносим, так он повелит казнить нас и труда себе не даст разобрать, справедливо ли он поступил. А нашептывать ему зло есть кому; все вы знаете Нонне, его первого советчика, все вы знаете, что из Аркона Нонне прислан за тем, дабы нам, исповедникам Христовой веры, вредить. Думаю я, и не только что думаю, а и сведения имею, что Владимир Новгородский стакнулся с великим жрецом Святовита и действует при помощи арконских властителей; за тем и Нонне из Арконы прислан. Думают в Арконе, что ежели сядет на стол отца своего Владимир, так уничтожит он нас, исповедников Христа, и восстановит Перуна во всей его мощи. Только, братья мои, не будет этого; стол Ярополка поколеблен, и ежели Богом суждено, то он погибнет; но когда Владимир над Киевом владычествовать будет, помяните вы мои слова, старое время пройдет и не останется от Перуна даже и подножия его. Кто свет увидел, тот во мрак не вернется. Так же будет и с Владимиром: не станет он возвращаться к язычеству! Следуя предначертаниям Промысла, он сам пойдет и весь свой народ поведет к Источнику вечного, немеркнущего света. Но, братья, я вижу к нам идет Зыбата; он христианин хороший, хотя и редкий гость промеж нас; ежели явился он сюда незванный, значит, есть у него важные вести. Послушаем, что он скажет.

3

ЯРОПОЛКОВЫ ДЕЛА

Круг прихожан христианского храма почтительно расступился пред Зыбатой.

Он подошел, ласково и приветливо улыбаясь, и прежде всего склонился в глубоком и почтительном поклоне пред священнослужителем.

- Да будет благословление Господне над тобой, сын мой, - проговорил тот, - прими также душевный привет и от меня, смиренного служителя алтаря Бога Живого.

Он благословил Зыбату. Тот облобызал руку пастыря, который в ответ на это поспешил расцеловать его.

- Давно ты не был среди нас, Зыбата, - продолжал священник, - мы соскучились по тебе. Какие причины задерживали тебя? Верно, весело живется в княжеских хоромах.

- Не могу сказать, отец, чтобы весело, - ответил Зыбата, - а и какое веселье может быть теперь, когда на Киев надвигается гроза.

- Откуда, какая гроза? - послышались со всех сторон тревожные вопросы.

- Разве вы ничего не слышали? - спросил Зыбата.

- Нет! А что, разве есть какие-нибудь новые вести?

- Много вестей.

- Откуда? Что случилось?

Зыбата отвечал не сразу.

Кругом все молчали, устремив на него вопросительные взгляды.

- Говори же, сын мой, все, что ты знаешь, - сказал священнослужитель, - мы здесь живем, как отрешенные от мира, мало что доходит до нас, ты же близок к князю и знаешь все, что делается на белом свете; так прошу тебя поделиться с нами твоими вестями.

- Я, отец мой, затем и пришел сюда. Вам ведь ведомо уже, что Владимир Святославович вернулся в Новгород?

- Да, да! - воскликнуло несколько голосов. - Ты же сам о том рассказывал.

- Да, я был в то время в Новгороде и видел Владимира. Ой, не понравился он мне тогда.

- Что же в нем переменилось? - осторожно спросил один из

стариков, - забыл разве он все те истины, которые воспринял от мудрой бабки своей?

- Нет! Того я не думаю. Не забыл Владимир ничего, но, как я видел, озлобился он.

- На кого же это изобиделся он?

- Выходит так, что на старшего брата!

- На князя Ярополка?

- На него. Видимо, Олав Норвежский сумел распалить эту злобу. Только думаю я, что есть здесь в Киеве человек, который сообщает Владимиру об Ярополке все худое и тем сердце его на брата поддерживает.

- Ты говоришь про арконца Нонне?

- Да, я думаю, что это он, но я доскажу свой рассказ. Ведомо вам также, что Владимир победил Рогвольда Полоцкого и князь Ярополк напрасно поджидает теперь свою невесту, княжну Рогнеду. Но как ни преступны эти распри, однако и они еще не страшны; я думаю, что Владимир задумал более ужасное.

- Что именно?

- Братоубийство.

- Как! - отступил в ужасе священнослужитель, - неужели опять Господь попустит. Ярополк - Олега, Владимир - Ярополка. Да когда же это, наконец, кончится? Доколе ненависть будет изводить с Божьего света внуков праведной княгини Елены? Нет, Зыбата, нет, я хочу думать, что ты ошибаешься, я мысли не смею допустить, чтобы Владимир стал братоубийцей.

- Отец, - тихо произнес Зыбата, потупляя глаза, - я думаю, что Владимир и сам не хочет этого, но его подталкивают на такое страшное дело.

- Кто подталкивает? Все тот же Нонне?

Зыбата ничего не ответил и стоял потупившись.

Кругом все тоже молчали.

- Я понимаю, сын мой, что значит твое смущение, - произнес священнослужитель, - ты подозреваешь, что виновник всей братоубийственной распри этот хитрец Нонне, но не решаешься во всеуслышание обвинять его; но скажи нам, из чего ты заключаешь, что Нонне возбуждает брата на брата?

4

ТЕМНЫЕ ЗАМЫСЛЫ

- Хорошо, я скажу, что думаю, - тихо промолвил Зыбата, - вы же, отцы и братья, остановите меня, если я ошибусь.

- Говори, что знаешь.

- Все говори, Зыбатушка.

- Слушайте! Владимир со своими новгородскими и варяжскими дружинами идет на Киев, чтобы завладеть им, у Ярополка же в Киеве сила немалая, и князь наш мог бы отсидеться здесь. А знаете ли вы, что задумал Ярополк?

- Что, что? Говори, Зыбата, скорей.

- Он задумал идти навстречу брату своему и молить о мире.

- Как так! Зачем?

- А затем, что в Киеве, как ему наговорили, народ весь волнуется. И правда то: на площадях народ громко кричит, что хочет на великом княжении иметь не Ярополка, а Владимира. Ярополк же, сами знаете, телом тучный и нравом мирный, и сердцем кроткий, ему бы все пиры да веселости, а о сопротивлении и не думает. Вот ему-то Нонне, как я прекрасно знаю, и нашептывает постоянно, что нужно спасаться, что Киев изменников полон и что выдадут его брату, а брат тогда не пощадит и лютой смерти предаст. Нонне с воеводой Блудом у Ярополка первые советники, и князь наш делает все, что они ему ни присоветуют. А тут прослышал я, что, советуя так Ярополку, Нонне сам же смуты в народе заводит и в то же время постоянно сносится с Владимиром и сулит ему выдать своего князя. Вот поэтому-то я стал думать, что ищет Нонне головы Ярополка, о советах же Арконы князю и о переговорах его с Владимиром я доподлинно знаю от друга моего Варяжко. Разведайте теперь сами, право или криво я сужу.

- Ой, Зыбата, - проговорил старец-священнослужитель, - и думать я не смею, чтобы ты неправду говорил. Я тебя знаю с детства, да и отца твоего помню и воспитателя твоего, старца Андрея, также, а потому не смею не верить твоим словам. Только вот чего в толк не возьму: скажи ты мне одно, зачем Нонне все это понадобилось? Чем он недоволен? Ведь Ярополк в служении идолам усерден и хоть знает о Христовой вере и многие истины ее хвалил, но, сколько раз ни выходили у нас с ним разговоры, всегда он отказывался, как и отец его, Святослав, от святого крещения; в чем другом, а в этом отказе он тверд был. Владимир же более, чем старший брат, светом истины просвещен и наставлен в вере православной премудрою своею бабкою. Так зачем же Нонне понадобилось своего друга верного выдавать Владимиру, который, неизвестно еще, будет ли ему другом? Ведь Нонне, как он ни свиреп, все-таки умен и без расчета не поступит; прямой же расчет - сберегать Ярополка всеми силами. Не сможешь ли ты нам разъяснить это наше недоумение?

- Не знаю, что и ответить тебе, отец, и вам, братья, - проговорил Зыбата, - великой опытностью умудрены вы, и многое есть, что мне непонятно, вам же как Божий день ясно. Если же хотите думы мои знать, то я скажу вот что. Как ни упорствует Ярополк в своей приверженности к язычеству, все-таки, повторяю я, кроток он и сердцем жалостлив; Нонне же только затем и прислан из Арконы, чтобы как можно скорее извести всех христиан на Днепре. Скажу я вам вот что. Владимир на пути в Новгород в Аркону заезжал, как известно вам, и там ему даны были дружины Святовита, а Нонне вместе с тем послан был в Киев. Нонне не один раз уже советовал Ярополку и умолял его истребить всех нас, христиан, до единого, но Ярополк на это не соглашался, напротив, всегда говорил, что христиане ему нисколько не мешают, что пусть они как хотят веруют своему неведомому Богу, ему до этого дела нет, как и отцу его, Святославу. Я думаю, что в Арконе жрецы дали помощь Владимиру лишь затем, чтобы овладеть Киевом и извести христиан; вот Нонне и торопится доставить Владимиру княжеский стол. Он уверен, что, как только станет Владимир киевским князем, все христиане погибнут.

- Нет, нет! - раздались крики. - Никогда Владимир не решится на это.

- Да мы и сами не сдадимся. Что у нас, копий да мечей, что ли, нет? - задорно крикнуло несколько человек из тех, кто помоложе.

- Поднявший меч от меча погибнет, - остановил их священник, - нашим мечом должен быть только один крест и только одна молитва; они нас защитят и оградят от всякой напасти. Помните, братья любезные, что в Святом повествовании сказано: ни единый волос не падет с головы человеческой без воли Божией. Не злобный отпор должны мы давать врагам, а молиться за них, и злоба тогда по молитве отпадет прочь, и добро победит зло, а ежели суждено нам страдание, то да будет на то воля Господня!

- Именно так! - в один голос крикнули все, кто ни стоял около храма.

- Сын мой Зыбата! - обратился священник к воину. - Благодарим тебя за те вести, что ты принес, будем готовиться принять все то, что назначено нам судьбой, но скажи мне ради Бога, что ты сам думаешь делать, как ты намерен поступить?

- Я, - с некоторой дрожью в голосе отвечал тот, - поведу дружины Ярополка. Если суждена смерть, то погибну, защищая его. Я не могу иначе: я обещал так.

- Как поведешь? Разве Ярополк решил уже идти на Владимира? - тревожно спросил священник.

- Увы, да. Правда, он не идет сразу на Владимира, а только хочет идти из Киева, которому он не верит. Ведь я сказывал вам, что Нонне наговаривает Ярополку, будто все киевляне готовятся изменить ему.

- А куда же он пойдет? - спросил кто-то из ближайших.

- Пока не ведаю. Слышал я, что хочет князь Ярополк затвориться в Родне.

- Это на Роси-то?

- Да, там. Уж почему он только думает, будто там тын крепче, чем в Киеве, доподлинно не ведаю; смекаю так, что не один Нонне князя нашего смущает.

- А кто же еще-то?

- Да и Блуд-воевода! Вот кто!

- Воевода Блуд?

- Он самый.

- Ну, уж тогда, ежели Блуд только на сторону Владимира перешел, пожалуй, и в самом деле пропал князь Ярополк. Предупредить бы его.

- Пробовали предупреждать.

- Кто?

- Варяжко.

- Что же князь?

- Не верит, никому не верит. Что Блуд да Нонне скажут, то он и делает. - Все в смущении молчали. - Вот, отцы и братья мои, сказал я вам все, зачем пришел, - продолжал Зыбата, - будьте готовы; быть может, тяжелое испытание ниспошлет вам Господь, а, может быть, еще и пройдет мимо гроза великая. Теперь же прощаюсь с вами, вернусь к дружинникам своим. Благослови меня, святой отец: кто знает, увидимся ли мы. Суждено мне погибнуть - погибну, защищая своего князя, не суждено - так опять вернусь к вам, и тогда примите меня к себе, грешного.

Зыбата низко-низко поклонился сперва старцу, потом всем остальным.

5

КНЯЗЬ ЯРОПОЛК

Беседа с людьми одних и тех же убеждений и верований облегчила и успокоила Зыбату.

Он вернулся в Детинец уже веселый и бодрый и сразу прошел в княжеские хоромы.

Там он нашел своего друга - одного из варяжских телохранителей по имени Варяжко. Этот Варяжко не был вполне христианином: исповедуя и Христову веру, он кланялся в одно и то же время и Одину, и Перуну. Но это нисколько не мешало обоим воинам быть искренними друзьями. Впрочем, в те времена из-за религиозных верования у славян никогда не было распрей и вражды.

- Что скажешь, Зыбата? - встретил Варяжко пришедшего.

- Вот узнать пришел, как и что: здесь останемся, аль в Родню пойдем.

- Ой, Зыбатушка! Кажись, что в Родню, - сокрушенно вздохнул княжий телохранитель, - во всем Блуд и Нонне глаза отводят Ярополку; он теперь и слышать ничего, кроме как о Родне, не хочет.

- Что же она ему так по сердцу пришлась? - усмехнулся Зыбата.

- Да, вишь ты, больно уж он разобиделся на Владимира за Рогнеду, хочет с ним теперь не мириться, а на бой идти. Вот и надумал он такое дело: в Киеве народу всякого много, где же разобрать, кто княжескую сторону держит, кто Владимирову, а в Родне-то лишь те соберутся, кто за князя умереть желает. Ярополк думает, что там его ворогов не будет, все лишь верные слуги соберутся, а ежели кто из сих зашатается, так в Родне-то скорее это усмотреть можно, чем в Киеве, вот потому-то и собираются уходить.

Зыбата покачал головой.

- Кабы Нонне да воеводу Блуда он в Родню послал да попридержать их там велел, так и самому не нужно бы было туда идти, - проговорил он.

- Верно, - согласился Варяжко, - эти два и мутят все, они всему злу заводчики.

Из внутренних горниц донесся шум голосов.

- А отодвинься-ка, - слегка отстранил Варяжко Зыбату, -

никак сам князь жалует. Так и есть, да еще не один: и Нонне, и Блуд тут же.

Действительно, в палату из внутренних покоев вышел Ярополк, а с ним - Нонне и воевода Блуд, старый пестун киевского князя. Нонне совсем не изменился в сравнении с тем, каким он был на Рюгене в Арконе. Он и здесь был таким же жалким, приниженно, подобострастно заглядывающим в глаза всем и каждому, - это придавало ему вид лисицы. Воевода Блуд был толстый, добродушного вида старик, носивший на глазах нечто вроде очков. Когда он говорил, то каждое слово сопровождал смехом, улыбками, и при этом двигался он постоянно и даже без надобности, причем эта подвижность переходила в неприятную суетливость, совсем не шедшую ни к его летам, ни к фигуре.

Ярополк был еще молод; но бездеятельностная жизнь, постоянные пиры начали его старить раньше времени, он весь опух и обрюзг, страдал одышкой, был неповоротлив и в движениях неуклюж. Речь его была отрывистая, будто мысль не могла подолгу останавливаться на чем-нибудь одном и быстро переходила с одного предмета на другой.

- А-а, Зыбата! - закричал он, входя в палату. - Тебя-то нам и нужно; слышь ты, Зыбата, я тебе верю, ты постоишь за князя своего?

- Как же, княже, не стоять, - вздохнул тот, - положись на меня: скорее сам умру, чем тебя выдам.

- Ну, вот, это хорошо; я тебе, Зыбата, верю, - повторил Ярополк, - и я тебя с собой возьму, ты знаешь, мы в поход идем; мы, Зыбата, на Владимира идем. Уж мы его, вора новгородского, поучим. Так, Блуд, али нет?

- А нужно, князь, его поучить, нужно. Вишь, он на какое дело пошел, лиходей этакий: Рогвольдовну у тебя отнял! Разве так братья поступают?

- Вот и я тоже говорю, что так нельзя поступать! Я Князь Великий, а он что? Новгородский князь, да и то еще без моего согласия в Новгороде княжить стал. Что, Нонне, так ли я говорю?

- Так, княже, так! - подтвердил арконский жрец. - Это ты хорошо придумал, если проучить его пожелал так: ты князь, ты все можешь.

- Спасибо вам, добрые мои, вижу, что вы меня любите и мою сторону держите, а киевцы - это вороги, это изменники, они спят и во сне видят, как бы князя извести. А я ли им не хорош был, я ли им пиров не устраивал, сколько меду-то перевел, чтобы киевских пьяниц напоить. Так-то, так-то,

Зыбатушка, ты уж там дружинников своих приготовь. Как скоро собраться можешь?

- Как ты прикажешь, князь, так я и готов буду, - поклонился Зыбата, - сам знаешь, наше дело дружинное: князь велел, ну и иди в поход.

- Верно, верно! Княжеское слово, Зыбатушка, великое слово: что князь ни скажет, все исполнять нужно. Вот, что хорошего, что брат Владимир из ослушания вышел: иду на него войсками своими и жестоко накажу, уж тогда он будет просить у меня милости, а я возьму да и не помилую. Так ты распорядись там, Зыбатушка, а мы, други любезные, в столовую палату пройдем: время такое, что поснедать да выпить малость требуется, а потом поспать, а что дальше, то видно будет. Ты, Нонне мне сказку еще какую ни на есть расскажешь. Больно ты мастер сказки говорить, так бы все тебя и слушал: ты-то рассказываешь, а с души всякий гнев да страх спадает, и легко так на душе. Идемте же, други любезные.

Он, слегка переваливаясь с ноги на ногу, пошел через палату в лежащий направо покой.

Блуд и Нонне, с усмешкой переглядываясь между собой, следовали за ним.

- Вот так-то у нас всегда, - покачал головой Варяжко, - поесть да попить, да сказки послушать, другого ничего князь и не знает и княжье дело свое забывает. Что, Зыбата, ведь нам и в самом деле готовиться нужно. Кто их там знает: времени князь не назначал, подзудят его Блуд и Нонне, так он, пожалуй, нежданно-негаданно с места сорвется да и пустится в поход.

- И то правда: от Ярополка всего ждать приходится. Пойду приготовлюсь, только и не хорошо же будет, если он, как тать, из Киева убежит.

6

БЕГСТВО ИЗ КИЕВА

Предчувствие не обмануло Зыбату.

Прошло всего два дня, а когда вечер сменил третий, Блуд через Варяжко приказал Зыбате готовить дружины в путь, как только ночь окончательно спустится на землю.

Среди дружинников кое-что было известно о предстоящем отъезде князя, но слухи доходили до них смутные.

Однако дружина собралась быстро. В огромном своем большинстве княжеские дружинники были варяги, люди одинокие, бессемейные, и возиться со сборами им было нечего.

Они даже довольны были, что приходится отправляться в путь.

До сих пор Ярополк предпочитал жизнь во дворце всяким походам, а если и собиралась дружина, то лишь для того, чтобы пройтись с ним куда-либо недалеко, на охоту. И теперь дружинники с радостью собирались выступить в путь. Но Варяжко, один из ближайших людей князя, был не на шутку удивлен и опечален внезапностью княжеского отъезда.

- Ой, не к добру князь поспешил, - говорил он Зыбате.

- Вестимо, что не к добру, - ответил тот, - из этого-то спеха ничего не выйдет путного, да и где выйти-то? Ведь идем мы на ратное дело, а разве так-то соберешься?

- И уговорить его нельзя, чтобы оставил свое намерение, - вздохнул Варяжко.

- Что отговаривать, - вздохнул Зыбата, - что кому определено, то и быть должно.

- Ой, близится князя Ярополка судьба! Сам он так к своей погибели и идет.

Варяжко вздохнул.

- Велика ли дружина-то пойдет? - спросил Зыбата.

- Ой, не велика! - утешил Зыбата.

- Отборная она, за князя все постоять сумеют.

- Постоять-то постоят, да мало нас.

- А у Владимира, - перебил его собеседник, - рати отборные; с ним не одна только его дружина, а и варяги арконские, да из Рогвольдова княжества дружины, да рати новгородские, и много их. На верное князь Владимир идет. Ой, чует мое сердце, быть греху великому, быть пролитой крови братской.

Зыбата даже не стал успокаивать друга, да и что он мог ему сказать: ведь и сам чувствовал то же самое, что высказывал Варяжко.

Настроение вождей вскоре передалось и дружинникам.

Они хотя и собирались безропотно, но не было заметно ни обычного воодушевления, ни бодрости; шли неохотно.

- Как тати в нощи, уходим, - слышалось в рядах дружинников, - так проку не будет.

Зыбата пробовал убеждать воинов и тоскливо поглядывал на хмурые, угрюмые их лица.

"Ой, - думал он, - ненадежные они, как бы не выдали они князя, когда подойдет беда".

Ярополк навел на дружинников еще более уныния.

Он, считавшийся вождем, главой всей вооруженной киевской силы, на этот раз не пожелал предводительствовать в походе, а предпочел совершить путь более спокойно - в колымаге.

Когда княжеский поезд выбрался из Киева и отошел на порядочное расстояние, им путь преградил густой лес, памятный Зыбате по приключениям его молодости.

Подвигавшегося в этом лесу старца Андрея, духовного отца Зыбаты, просветившего его истинам Христовой веры, уже давно не было в живых; а на том месте, где жил Андрей, теперь поселился другой пустынник. Зыбата знал и его. Это был суровый старик, чуждавшийся людей. Если же он появлялся среди них, то для того, чтобы обличить в неправедной жизни и возвестить им грозный суд Божий. Его грозных обличений и пророчеств боялись, а потому при его появлении все убегали.

Этот отшельник-нелюдим отвергал все удобства жизни и даже не имел хижины. Летом проводил ночи под открытым небом на голой земле или в жалком шалаше, а зимой - в выкопанной собственными руками глубокой яме, в которой он тут же жег не угасавший никогда костер.

Когда княжеский поезд проходил мимо места обитания этого пустынника, он вдруг появился с двумя головнями в руках, чем страшно напугал лошадей.

- Ой! Кто там? Что там? - раздался вопль из колымаги князя. - Дикий зверь не напал ли? Тогда спасайте, слуги верные, своего князя!

Как раз в это время колымага поравнялась с отшельником. Знал ли тот, что в колымаге находится князь, или по голосу узнал его, но только выпрямившись во весь рост, он начал размахивать неистово головнями, разбрасывавшими вокруг себя бесчисленные искры. Лошади, запряженные в колымагу, перепугались, захрапели и уперлись, отказываясь идти дальше.

- Иди, иди, - каким-то торжественным, пророческим голосом воскликнул пустынник, поднимая молитвенный взор к небу, - иди, ждет тебя могила. Каждый твой шаг близит тебя к ней. Иди же, спеши. Ты думаешь, что бежишь от смерти? Нет, ты спешишь к ней. Каждый человек родится для того, чтобы умереть в назначенный ему правосудным Богом миг, и ты вскоре умрешь, потому что не умеешь жить. Пусть же волки сгрызут твое тело острыми зубами, пусть черви источат твои кости. Иди же и умри! Такова воля Всевышнего, которому я служу!

- Что он говорит? Кто это? - с ужасом вскочил Ярополк.

- Это, княже, один из христиан, - поспешил нагнуться к его уху Нонне, - вот они, те, за кого ты постоянно заступался! Они только и мыслят, что о твоей погибели, им ты ненавистен, они твои враги. Что же ты, князь, медлишь? Приказывай скорей наградить этого негодника, удостой его своей высокой милостью, не медли, княже.

Нонне говорил все это не громко, а чуть слышно на ухо Ярополку. Так он всегда производил наибольшее впечатление на слабого киевского князя.

Под влиянием змеиного шипенья арконского жреца слабовольный Ярополк вдруг запылал весь гневом.

- Убейте, убейте его скорее! - закричал он.

- Княже, - выступил Зыбата, - дозволь мне молвить слово.

- Убей его, убей! - продолжал неистово вопить тот.

- Княже, да выслушай же.

- А, ты тоже христианин и тоже из этой своры? - уже не помня себя от гнева, завопил Ярополк, которому Нонне продолжал нашептывать свои ядовитые речи. - И ты точно такой же изменник, как все они? Так нет же, я выведу измену. Я князь, я все могу! Эй, слуги, взять Зыбату!

К предводителю княжеской дружины нерешительно приблизилось несколько челядинцев.

- Что же вы стали? Берите, - грустно улыбаясь, проговорил Зыбата, - или вы не слышали, что князь приказал взять меня?

- Вязать его, вязать! Сколько еще раз я должен приказывать! - исступленно закричал Ярополк. - А ту собаку убейте!

Вдруг среди дружины раздался глухой ропот:

- Ежели ты, князь, казнишь Зыбату, так будет тебе ведомо, и мы за тобой не пойдем.

Нонне поспешил что-то шепнуть Ярополку.

- Да кто вам сказал, - вдруг разом утешился тот, - что я его казнить думаю? Не того я хочу: он мне, князю своему, поперечил, так и не желаю я, чтобы он моей дружиной владел, не верю я ему больше! Пусть Варяжко вами начальствует, а Зыбату хочу прогнать.

- Вот так оно и лучше, пожалуй, - согласился говоривший дружинник, - уж ты, Зыбатушка, нас прости, а в таком приказе князю мы не поперечим: его воля, кого наверху поставить,

- Что же, - улыбнулся Зыбата, - делайте, что князь приказывает, а я готов ему покориться.

- Так уходи ты от нас.

- А меч твой и секира пусть при тебе останутся. Худого ты нам ничего не сделал, лишь поперечь пошел, - объявил Ярополк, - потому ты мне и не нужен.

- Идем, идем, - взял Зыбату за руку старец, - чем дальше от мертвецов, тем больше жизни.

Он быстро увел его в лесную чащу.

Княжеская дружина, кое-как приведенная в порядок, тихо двинулась в дальнейший свой путь к Родне.

7

В ГОСТЯХ У ОТШЕЛЬНИКА

Все это произошло настолько быстро, что Зыбата не успел даже опомниться, дать себе отчет во всем происшедшем.

Одно только он сообразил: князь Ярополк, которому он служил, навсегда отказывался от одного из немногих оставшихся ему верными дружинников.

- Иди, иди, сын мой, не оглядывайся, - торопливо вел его за руку отшельник, - эти безумцы стремятся туда, куда влечет их судьба! Что тебе до них? Они следуют велениям своего рока, тобой же управляет твоя судьба. Ты видел, как в туманную темную ночь пичужки неудержимо стремятся на огонь и падают мертвыми в пламя, безжалостно их сжигающее. Подумай, разве им нужна смерть, жизнь составляет единственное их благо, но они, неразумные, жалкие, ничтожные, сумасбродные, стремятся сами в огонь. Так вот и этот безумец, этот жалкий киевский князь, сын великого, могучего Святослава, внук мудрейшей Ольги. Он погибнет. Вспомни это, когда увидишь его мертвым. Но погибнет не один он - погибнет Блуд, погибнет и враг Божий Нонне. Я чую, я знаю это, я вижу смерть, уже витающую над ними.

Старик говорил все это быстро, как бы выбрасывая слова одно за другим.

Спустя час или полтора тяжелейшего пути оба путника выбрались на прогалину.

Начинало уже светать, и Зыбата смог рассмотреть приютившийся у подножья вековых сосен шалаш пустынника.

- Ты отдыхай здесь, - сказал старик, - спи, старайся восстановить запас сил.

- А ты? - спросил у него Зыбата.

- Я спать не буду.

- Почему так?

- Видимо, близок день. Скоро над землей взойдет солнце, и я должен молитвой встретить светило дня и восславить нашего Творца.

- Я тоже христианин, и мне должно молитвой встретить дневное светило.

- Нет, ты спи; ты христианин, но ты мирянин, Господь по Своей неизъяснимой благости многое допускает вам, мирянам, хотя и от вас требует тоже великих трудов в Свою вящую славу. Ложись же, спи и не смущай меня: не мешай мне молиться.

В тоне старика звучали уже повелительные нотки, и Зыбата почувствовал, что он не может ослушаться, и вместе с тем подумал, что если старик говорит так, то имеет на то свои основания.

На мгновение склонившись на колени, он принес горячую молитву за свое спасение и к ней присоединил молитву о несчастном Ярополке.

Молитва, как ни была она коротка, успокоила душевное волнение, и Зыбата, забравшись в шалаш, скоро заснул крепким, живительным сном.

Разбудили его громкие крики, звон оружия и ржание коней. Зыбата открыл глаза, но ослепительный свет разгоравшегося дня заставил его сейчас же закрыть их, а шум и говор голосов кругом все разрастался.

Зыбата, сам начальствующий дружиной, понял, что число ратных людей на лесной прогалине все увеличивалось. Сделав над собой усилие, он сбросил последние остатки сна и поспешил выбраться из шалаша. Прогалина, действительно, обратилась в становище какихто совершенно незнакомых ему дружинников.

Зыбата заметил, что большинство из них были различны между собой и по внешнему виду, и по вооружению. Тут были высокие, кряжистые, словно дубы, бородачи, крикливые, вечно против чего-то протестующие, вечно чем-то недовольные. В них Зыбата сейчас узнал новгородцев. В стороне от них держались воины в панцирных рубашках, низких плоских шлемах, тоже сильные, но не столь рослые, а сухощавые и подвижные. Они вооружены были короткими, обоюдоострыми мечами и тяжелыми секирами. В них нельзя было не узнать детей далекого скандинавского севера и его фьордов - суровых пришельцев-варягов. Совсем в стороне расположились великаны с угрюмыми лицами, обросшими почти сплошь волосами. Эти были одеты прямо в звериные шкуры, привязанные к телу кожаными ремнями. Вид их был суров и даже дик. Там и тут мелькали низкорослые обитатели болотистых берегов Нево, тоже юркие, тоже подвижные, но казавшиеся совсем детьми среди рослых товарищей.

"Что это? - подумал про себя Зыбата. - Никак Владимировы дружины. Я вижу здесь новгородцев, варягов, полочан. Однако же, скоро один князь другому на смену спешит".

Он с любопытством принялся разглядывать этих людей.

Почему-то никто из воинов не обращал внимания на Зыбату, хотя невозможно было не заметить его.

Некоторые даже взглядывали на ярополкова воина, но опускали сейчас же глаза, стараясь делать вид, что не видят Зыбаты.

8

НОВГОРОДСКИЙ КНЯЗЬ

Вдруг все становище зашевелилось, как муравейник.

Шум голосов и звон оружия стихли, и вместо них покатилось тихое, ласковое, сдержанное приветствие:

- Здрав будь на многие лета, князь наш любимый, солнышко наше красное! Здрав будь, пресветлый Владимир свет Святославович!

Зыбата замер на месте, обратив глаза в ту сторону, куда смотрели все в ожидании пока еще не видимого вождя.

Вдруг на прогалине все замолкло, воцарилась мертвая тишина, и так продолжалось несколько мгновений. Потом раздался треск ломавшихся сухих ветвей, и на прогалину выехал на статном коне красавец новгородский князь Владимир Святославович.

Он был без воинских доспехов, в новгородском длиннополом кафтане и северно-русской шапке-колпаке, с отворотами вместо полей.

Позади него на тяжело выступавшей лошади ехал, шумно дыша, гигант-богатырь Добрыня Малкович, а за ним старшие вожди новгородских и полоцких дружин.

Владимир ласково улыбался и кивал головой в ответ на приветствие своих воинов.

Около его стремени шел приютивший Зыбату старик-отшельник.

- Здрав будь, Владимир, здрав будь, - восторженно пророчески говорил он, - ныне вступаешь ты на землю киевскую, и два солнца сияет теперь над нею. Одно солнце, - указал старик на небо, - там, солнце Божьей славы, другое - ты, Красное Солнышко Руси. Пути неисповедимые влекут тебя к Киеву, Промысел Божий ослепил брата твоего и предает его тебе, и все для того, чтобы ты мог совершить спокойно то, что предуготовано тебе свыше. Я, смиренный раб Господа Бога Живого, приветствую тебя и кланяюсь тебе. Благословен грядущий и во тьме путями Господними.

- Довольно, старик, благодарю тебя, - ласково улыбаясь, прервал его Владимир, - благодарю тебя за то, что ты благословляешь меня идти, чтобы вернуть отцовское наследие и покорить под свои ноги лютых супротивников.

Вдруг взор лучистых глаз Владимира остановился на Зыбате.

- Кого я вижу! Это ты Зыбата? - радостно воскликнул он. - Когда мы расстались с тобой в Новгороде, я думал, что уже больше не встретиться нам. Но боги опять даруют нам радость свидания! Поди же ко мне, мой верный друг и противник! Ты один из тех, кого я не хочу считать своим врагом.

Зыбату словно какая-то сила толкнула вперед.

Он стремглав кинулся к новгородскому князю. Тот в одно мгновение легко соскочил с седла и с увлажненными от слез глазами принял в объятья своего верного друга детства.

Добрыня Малкович тоже с заметным удовольствием смотрел на статную фигуру Зыбаты.

- Ишь ты, какой стал теперь, - промолвил он, - я-то тебя малышом помню. На ладони носил и не думал, что эдаким-то молодцом подымешься. Ну, ну, подойди ко мне, я тебя поцелую.

Зыбата смущенно подошел к старому богатырю, и тот широко раскрыл для него свои объятья.

Ярополков воин был высок ростом и широк плечами, но когда сын любичанина Малка обхватил его и прижал к своей груди, то он как будто совсем потонул в объятиях великана.

9

ДРУЗЬЯ ДЕТСТВА

Пока происходила эта встреча, на прогалине раскинут был уже походный княжий шатер, и вокруг засуетились княжеские отроки и слуги, спеша приготовить своему любимому повелителю утреннюю трапезу.

Владимир позвал с собой в шатер Зыбату, Добрыня последовал за ним без приглашения, и скоро они остались втроем.

Внутри раскинутого шатра все уже было убрано мехами, а на самодельном столе видны были жбаны и кубки, из которых распространялся аромат привозных заморских вин.

- Э-эй! Всю-то ноченьку торопился я сюда, - говорил новгородский князь, с наслаждением протягиваясь на груде заменявших и постель, и сиденье мехов, - думал, что застану здесь Ярополка, да вишь ты, улетела птичка. Куда, о том я тебя, Зыбата, спрашивать не буду, потому что служишь ты ему, брату моему Ярополку, и нехорошо, если будешь мне его выдавать с головой.

- На это и без Зыбаты есть около Ярополка другие, - засмеялся Добрыня, - да, может, ты-то, Зыбатушка, к нам перейдешь служить, а?

- Прости, Добрыня Малкович, - ответил спокойно Зыбата, - не посетуй, обещал я служить князю Ярополку до самой смерти, и останусь я верен слову своему. А суждено ему умереть - ну, тогда и я буду от обещания свободен, и ежели примете меня к себе, пойду к вам на службу с радостью.

- Другого ответа и не ждали мы от тебя, Зыбата, - произнес Добрыня, - хвалю за него. Так и нужно: держишь ты Ярополкову руку и держи до конца. Уж ты не бойся. Мы тебя обидеть не обидим. Вот Владимир хочет тебя при себе оставить.

- Да, да, Зыбата, - воскликнул Владимир Святославович, - ты не думай только, что будешь у меня пленником. Нет, ты оставайся при мне, будь гостем моим; не бойся, я тебя против Ярополка служить не заставлю. Я знаю, он прогнал тебя, мне уже говорил про это старик.

- А ты, князь, куда же теперь направлялся? В Киев?

- С вечера, как в путь пускался, думал, что в Киев пойду, а теперь назад воротить приходиться.

- Почему так?

- Ну, вот почему. Ведь Ярополка же нет в Киеве, а без него и мне что там делать? Надобно, Зыбатушка, мне его сперва обезвредить, а потом уже и стольный Киев от меня не уйдет.

- Так повертайся тогда! - Оба они смолкли. Потом, после некоторого молчания заговорил Зыбата: - Я не знаю, Владимир Святославович, что и подумать.

- О чем? - спросил новгородский князь.

- Да вот все о том же. Прости, позволь слово молвить.

- Говори, Зыбата.

- Верить я не хочу, думать не хочу, чтобы ты посмел на старшего брата руку поднять, в крови его искупаться; ведь вы дети одного отца, неужели же ты сможешь забыть это?

- А он забыл! - поднялся на своем ложе Владимир, и глаза его сверкнули огоньком гнева. - Или ты не помнишь об участи Олега?

- Да нет, не забыл я об этом, как можно забыть. Но ведь ты-то теперь знаешь, как все это произошло, а я тебе скажу еще раз: Ярополк плакал, когда узнал, что древлянский князь убит. Ведь без его ведома то случилось! Свенельд за своего Люта мстил и княжьим именем прикрылся. Но если бы и виноват был Ярополк в смерти брата своего Олега, так зачем же ты будешь такое же худо делать, какое он сделал?

- Не будем, Зыбата про это говорить, - нахмурился Владимир, - боги указывают мне путь к великому столу, и если я не сяду на него, то пойду против воли богов. Я пойду в Родню и посмотрю, что-то у меня там выйдет с Ярополком.

- Не хотел бы я твоей гибели, князь, - грустно покачал головой Зыбата, - но не хотел бы, чтобы и кровь брата твоего легла на тебя. Оба вы мне дороги, обоих я вас с малого детства своего помню и тяжко мне знать, что брат на брата идет, что злое дело должно совершиться. На Руси нашей и так уже худого много, и без того в народе везде предательство, убийство, а тут вот еще и такое произойдет, по княжескому примеру и народ пойдет, а это, Владимир Святославович, тяжелое дело.

- Кто тебе сказал, что Владимир Ярополка убить ищет? - вдруг грубовато, добродушно засмеялся Добрыня. - Никогда Владимировой руки на брате не будет, в том я тебе порукой.

- Ну, зачем же тогда в Родню идти?

- А вот зачем! Распря между ними идет. Будто ты того не ведаешь? Ежели Владимир Ярополка не одолеет, Ярополк Владимира одолеет, а ведь каждый человек жить хочет, о своей жизни заботится.

- Бросим все эти разговоры! - вдруг весело воскликнул Владимир. - Что угодно богам, то пусть и будет! Я готов свою участь встретить всегда. Смерть увижу - не струшу, смело ей в глаза погляжу, а удача подойдет - тоже зевать не стану. Так-то, Зыбатушка.

Владимир казался беззаботно веселым.

Зыбата ясно понимал, что удача окрыляет этого красавца-князя, и в душе его снова разрасталось угасшее было чувство любви к нему.

10

ПРЕД ОСАДОЙ РОДНИ

Те воины, которых видел Зыбата на лесной прогалине, составляли передовые дружины новгородских и полоцких ратей, простояли они на этом месте лагерем до следующего утра.

Наутро Зыбата был свидетелем того, как к новгородскому князю явились на поклон киевские старейшины.

Они принесли Владимиру дары: меха с древлянской земли, соты свежего меда, хлеба всякого великие горы и много драгоценностей, выменянных у византийских гостей. Низко кланяясь, старейшины звали Владимира немедленно в Киев, обещали ему, что весь народ встретит его как давно желанного, как давно жданного освободителя.

Они заранее обещали исполнить все, что ни потребовал бы от них победитель Ярополка.

Одного только не уступали киевляне Владимиру: своих вечевых прав. Они заранее оговаривались, что он князь над дружинами и высший судия над народом, но внутренний уклад в Приднепровье принадлежит народу в лице его веча.

Владимир в пол уха слушал эти условия. Ведь такой порядок был тогда по всей земле славянской, а в Новгороде князь даже подчинялся вечу.

Новгородский князь хотел только сесть на отцовский стол, справедливо соображая, что в Киеве, находившимся вблизи Византии и бок о бок с ее колониями на северных берегах Черного моря, князь всегда будет иметь более значения, чем в заброшенном на далеком северо-западе Новгороде. Кроме того, у Владимира были еще и свои соображения. Новгород был ближе к Рюгену и Арконе, а там всемогущие жрецы Святовита через своих посланцев могли в конце концов приобрести в Новгороде власть большую, чем он, князь. Поэтому-то младший сын Святослава и стремился уйти как можно дальше от берегов Варяжского моря.

Милостиво согласился он на все условия, предложенные ему киевскими старейшинами, но вместе с тем сказал, что войдет в Киев только тогда, когда покончит с Ярополком.

- Не жизни я его ищу, - проговорил новгородский князь киевским посланцам, - на что мне его жизнь! Дам я ему в княжение иные города, пусть себе там живет. Он и сам, брат мой старший, того не любит, чтобы делами заниматься. Ему бы веселости да пирования все, а что толку в том, ежели княжескими делами здесь Блуд да пришелец Нонне правили? Будет жить на кормлении, и покойно ему, и радоваться он вечно будет. А жизнь его мне не нужна!

Голос его звучал искренностью, и Зыбата вполне уверился в том, что Владимир и не думает о братоубийстве.

На другое утро передовой отряд снялся с места и, провожаемый киевскими старейшинами, отправился на Рось к Родне.

Главная дружина у Владимира стояла в двух переходах, и когда передовые дружины соединились с нею, то князю доложили, что Ярополк уже прибыл в Родню и затворился там.

- Что же, - засмеялся при этом известии новгородский князь, - ежели затворился, то пусть и сидит, не нам ему в том мешать; нам же лучше, ежели он, как мышь, в ловушку попадет. Тут мы его и возьмем. И биться не будем: измором возьмем. Идем же, други любезные, на Родню, покончим с этим делом, а там и вернемся в Киев, чтоб весело в нем запировать.

Зыбата пошел вместе с князем. При Владимире он действительно был гостем, а не пленником. Он пользовался полнейшей свободой, и Владимир был неизменно ласков с ним.

- Ой, Зыбатушка, о Ярополковой участи не печалуйся, - говорил Зыбате и Добрыня Малкович, не менее ласково относившийся к нему, - посмотри-ка ты, какими слугами Ярополк окружен. Так его за одно это княжеского стола лишить надобно: как смел к себе изменников приближать да их слушать! Это не князь, что себе ближних слуг из воров выбирает. Коли на это ума нет, так и не место тебе на княжеском столе; а ежели ты князь и народ тебе предался, так ты никого не должен слушать, а думать должен о том, чтобы всему народу хорошо было. Увидит народ, что ему под твоей княжьей рукой хорошо, бунтовать не будет, других князей к себе звать не станет, а как предался, так и останется тебе предан. Так-то, Зыбатушка! Я, вон, и при Ольге был, у нее уму-разуму учился, и при Святославе-князе также все видел, все знаю; так уж на теперешнее-то время и совсем руками разведу.

Старый богатырь, действительно, развел в обе стороны свои неуклюжие, толстые, что бревна, руки, показывая этим жестом, что все совершающееся он может обнять целиком.

Зыбата слушал такие речи и невольно смущался.

Он, нельзя сказать, чтобы любил Ярополка, а если и оставался ему верен, то только в силу принятого на себя обязательства. Не будь его, он при Ярополке не оставался бы ни дня. Его давно уже томила бездеятельность старшего сына Святослава.

В сущности, Ярополк был не плохой князь, и при нем мирным путем достигнуто было, пожалуй, даже более того, чего достиг Святослав силой оружия. Венгры и ляхи не беспокоили Русь. Торговля быстро развивалась. Караваны гостей с далекого Севера через Нево, Волхов, а потом волоками и реками через Днепр то и дело подходили к Киеву, который рос за счет торговли буквально не по дням, а по часам. Расширение торговли и безопасность ее ведения делали славян богатыми, бедняков в киевском княжестве становилось все меньше и меньше.

Но, тем не менее, недовольство Ярополком в народе все возрастало. Вдумываясь в причины этого, Зыбата находил, что они лежали в самой личности Ярополка. Народу, помимо сокрытой деятельности, нужна была и показная, наружная, так сказать; народ хотел видеть в князе выразителя своего собственного величия, своего могущества; дряблость народу была противна. Сознание того, что князь живет не своим умом, а лишь советами приближенных своих, унижало народ и восстанавливало его против злополучного правителя. Все добрые начинания Ярополка, как бы они ни были благодетельны для народа, обращались ему же самому во зло. Народ видел в них не блага, а обиду для себя.

Между тем, по всей славянщине только и речи было, что о новгородском Владимире. Князь-красавец, князь-удалец, князь-герой, который сам выходил на бой с богатырями и побеждал их, князь шумно-веселый на раздольных пирах и отчаянно храбрый в битвах, князь, ни во что не ставивший никакие богатства и беззаботно расшвыривавший в народ все, что составляло его достояние, такой князь становился в глазах славян каким-то идеалом верховного правителя, и их сердца и помыслы клонились к Владимиру. Ярополк же с каждым днем падал все ниже и ниже в мнении даже преданных ему людей.

Теперь же речи старика Добрыни наводили Зыбату еще и на новые помыслы. В намеках Владимирова пестуна молодой воин ясно видел подтверждение того, что и ранее подмечал он сам. Теперь Зыбата ни на миг не сомневался, что Ярополка окружает измена, и ему только не хотелось думать о том, что и воевода Блуд, выпестовавший Ярополка, так же предает его в руки врага, как и хитрый арконский жрец-предатель Нонне.

Чем дальше шло время, тем все больше и больше грустью наполнялось сердце Зыбаты, а Владимировы дружины шли, не уставая, вперед, к устью Роси, где стояла Родня - городок, которому суждено было прославиться в русской истории.

11

ПУТЬ НЕВЕДОМЫЙ

Когда Владимир со своей свитой пришел на берега Роси, Родня оказалась уже обложенной его передовыми дружинами.

Прямо с похода новгородский князь отправился осматривать осажденный городок.

Зыбата был с ним.

- Изрядно потрудились мои храбрые дружины! - восклицал Владимир, объезжая отдельные становища дружинников. - Как хищный волк в капкане, сидит теперь Ярополк.

Добрыня в ответ грубовато засмеялся.

- Чего это ты, Добрынюшка? - взглянул на него князь.

- Про хищного волка говоришь ты, - перестав смеяться, отвечал тот, - а я думал, что не волк он.

- А кто же по-твоему?

- Мышь.

- Уж будто?

- А разве не так, - продолжая смеяться, отвечал Добрыня, - ну, какой же, в самом деле, он князь: разве князь сделал бы то, на что он пошел? Запереться бы ему в киевском Детинце, так мы бы никаким измором там не взяли его, и подступиться нам к тому Детинцу невозможно было бы, а тут, ты погляди! Только двинемся все разом, так голыми руками этот частокол разворотим.

Владимир не отвечал. Он смотрел на открывшуюся перед ним Родню. Городок лежал у берега реки и был очень мал. Детинец его, или крепостца, был совсем ничтожный, и уже передовым дружинам новгородского князя удалось окружить его так, что все пути сюда были отрезаны и последнее убежище старшего сына Святослава должно было скоро пасть от недостатка пищи для засевших в нем немногочисленных дружин.

Об этом именно и думал Владимир.

- Ой, князь молодой, - заговорил опять Добрыня, - стоит ли возиться с Родней-то? Скажи слово, ударим мы на нее разом, и голова моя порукой тебе в том, что сразу же Ярополка заберем.

- Не хочу я того, - отмахнулся досадливо новгородский князь.

- Что так?

- Измором возьмем.

- Измором, говорю, возиться не стоит! Покончить бы с ним, да и делу конец.

- Нет, не следует того.

- Али дружины жалеешь? Али в победе не уверен?

- Да нет же! - сердито крикнул Владимир. - Рогвольд Полоцкий покрепче был, да и то я брать его не задумался. А тут я крови не желаю больше. Я дело затеял и не хочу, чтобы народ говорил, будто я через труп брата на киевский стол взошел. Хочу я, чтобы Ярополк сам пришел ко мне, челом мне ударил, меня просил его над Киевом заменить. Хочу также, чтобы все это знали, чтобы все ведали. Мало сего: хочу я, чтобы Ярополк сам увидел, какие люди его окружают и чего они стоят. А голова его мне не нужна. Пусть посидит, нашим же дружинам и без того отдохнуть нужно: сильно притомились они в столь долгом пути, так не все ли равно, где отдыхать? Сторожевую же службу нести, пожалуй, нетрудно будет. Ты, Малкович, о том позаботься, чтобы поменьше времени люди на стороже стояли.

- Эй, ой, Владимир, - засмеялся Добрыня, - говоришь ты так и от меня же свои думы скрываешь. Все я знаю; куда и на что ты метишь. Хочешь ты, чтобы Блуд и Нонне тебе Ярополка выдали.

- Коли знаешь это, дядя, так и держи про себя, - оборвал его Владимир, - будешь болтать много, добра из того выйдет мало, так-то.

Зыбата слушал этот разговор, и еще более наполнилось грустью его сердце. Впервые при нем во всеуслышание были произнесены имена Блуда и Нонне, и теперь ему стало ясно, что эти люди готовы были предать киевского князя в руки врага.

Владимир заметил смущение, явно отразившееся на лице его друга детства.

- Ты, Зыбатушка, не печалься, - направил он к нему лошадь, - ты, вон, христианин, а вы, христиане, всегда воле Господней покорны, так покорись и теперь ей, предоставь Ярополка участи, какая ему суждена, и не горюй, не мучайся за него. Помятуй, что не погибнет он, коль не суждено ему погибнуть. Я же, Владимир, головы его не ищу, и крови мне его не надобно. А ты, Зыбатушка, лучше вот что: приходи ты ко мне в шатер; я там у своего ложа занавес приказал раскинуть. Так ты побудь за тем занавесом малое время; да что услышишь, о том умом пораскинь.

- Зачем же потайно буду слушать, княже? - спросил Зыбата.

- Надобно так, Зыбатушка, надобно. Тут я гостей к себе жду дорогих, так ты и послушаешь, что они мне говорить будут. Так же я делаю для того, чтобы не винил ты меня после в Ярополковой судьбе, чтобы мог бы возразить каждому, кто бы ни сказал, будто я руку на брата поднял, - что не виновен князь Владимир ни в чем, что с братом его случилось. Так-то, Зыбатушка, так-то. А теперь вот что: ведомо мне, что много друзей да приятелей в Родне у тебя. Пройдика ты к ним туда да поговори с ними, да разузнай, все ли Ярополк на своих советчиков надеется или колебаться начал?

- Ой, князь, не хочу я идти на Родню.

- Отчего же так?

- Да все оттого. Люди меня встретят и будут думать, что я как друг к ним пришел, а я как твой разведчик к ним явлюсь; предательствовать, значит, ты меня заставляешь.

- Не хочу я того, - возразил Владимир, - ты для себя пойди в Родню, а потом у меня в шатре послушай, а что после того сам надумаешь, так мне, ежели пожелаешь, уже в Киеве скажешь.

- А будем-то мы в Киеве? - улыбнулся Зыбата.

- Ой, Зыбатушка, будем. Помяни ты это мое слово, будем.

- Князь, - тихо и вместе с тем серьезно спросил воин, - а на что тебе Киев? Разве мало тебе Новгорода твоего? Ведь ведомо мне, что ты и на Готском берегу гость дорогой и среди викингов своим считаешься. Ведомо мне, что и к франкам ты ходил и в другие западные страны забирался. Так ведь тот край, Северный, весь тебе принадлежит, зачем же еще тебе киевская страна?

Владимир ответил не сразу.

- Вот как ты меня теперь спрашиваешь, - раздумчиво

наконец вымолвил он, - так-то и сам я себя не раз спрашивал. Всего-то у меня в Новгороде много, сказать по чести - куда больше, чем в Киеве. Таких диковинок, как к нам в Новгород заморские гости привозят, в Киеве, почитай, и не видывали. А нет, вот, не сидится мне там. Словно сила какая-то, Зыбатушка, так и тянет меня к Киеву. Ночью ли я сплю - вдруг меня тот же голос будить начинает. Просыпаюсь я и слышу, потайный голос мне над ухом говорит: "Иди в Киев, иди, там твое место!" И много раз я себя испытывал. Куда, в какой поход я ни пошел бы, все меня так вот к Киеву и тянет, будто в жизни у меня только и дороги есть, что туда. А зачем, того и сам не знаю. Детство мне, что ли, вспоминается, бабка, что ли, меня зовет, или сам Бог всесильный ведет. И иду путем неведомым. А куда иду, в Киев или под курган могильный, не знаю. Только, вот, смотри, и теперь я судьбу испытываю. Что мне стоит Ярополка взять: удар один, и нет его! А я не хочу. Вон, все вы думаете, что я головы его ищу, а я не хочу его головы. Ежели же нужно ему жизни лишиться, чтобы мне к киевскому столу путь освободить, так и без меня он погибнет. Это уже будет мне последнее испытание, больше уж я останавливаться не буду, так прямо в Киев и пойду. Войду в него и сяду на стол отца своего, Святослава, а там я посмотрю, что сделаю. Вот, Зыбатушка, хочешь ты, иди к Родне, хочешь, не иди. Не предательства твоего я ищу, а, быть может, через тебя свою судьбу пытаю. А теперь, прости, вон Добрыня знак подает, к нему пойду.

Владимир кивнул головой Зыбате и, припустив лошадь, помчался к отделившемуся от них на далекое расстояние Малковичу.

12

ПОД СТЕНАМИ РОДНИ

Зыбата, оставшись один, решил воспользоваться предложением Владимира. Он и сам был не прочь побывать в Родне, где находилось теперь столько его друзей; но более всего тянуло его в осажденный город желание повидать обреченного на гибель Ярополка.

Он поспешил сказать о своем намерении Добрыне, который, очевидно, был уже предупрежден племянником.

- Что же, побывай, дело неплохое, - отозвался тот, - посмотри, как там живут, лучше киевского али нет. Ты иди, как стемнеет, там, в передовых дружинах, я скажу, тебя пропустят дозорные.

Зыбата с великим нетерпением дождался вечера.

Наконец вечер настал.

У Зыбаты оказался оседланный конь, и он с удивлением заметил, что чьи-то заботливые руки привязали к его седлу всяких припасов.

"Зачем это?" - подумал молодой воин. Он хотел было оставить припасы, но потом раздумал и решил их взять с собой.

Когда совсем стемнело, он смело пустился в путь.

Дозорные беспрепятственно пропускали его, и вскоре добрый конь вынес Зыбату почти что к самой Родне.

С удивлением увидел бывший начальник Ярополковой дружины, что Родня вовсе не охранялась; ни на валах, ни у рвов не было выставлено стражи.

Он достиг осажденного Детинца без помех. Почти уже у самых ворот до его слуха донесся слабый, едва слышный голос:

- Ежели добрый человек, отзовись!

И перед Зыбатой появилась какая-то тень

- Кто здесь? - воскликнул молодой воин.

- А ты кто? Как будто из новгородского стана. Уж не к нам ли, в Родню, передаешься?

Звуки голоса показались Зыбате знакомыми.

- Стемид, - воскликнул он, - никак это ты?

- Я, я. А ты-то кто будешь?

- Не узнаешь? Я Зыбата.

- Зыбата? - голос дозорного звучал радостью. - Ты, Зыбата? Быть того не может. Зачем ты к нам?

- Проведать вас.

- Ой, Зыбатушка, посмеяться ты над нами приехал.

- Да что же с вами? Расскажи ты мне толком. - Зыбата соскочил с коня. - Ты мне скажи, Стемид, ведь еще же кто-нибудь есть, кроме тебя?

- Ой, есть, Зыбатушка, есть. Да вот еще кое-как на ногах держусь, а остальные-то многие, пожалуй, и подняться не могут.

- Что же с ними такое?

- Изголодались мы. Не трогает нас Владимирова дружина, не знаю, почему. А лучше, кабы разом ударили. Хуже той беды, которая у нас теперь в Родне, и на Руси никогда не бывало.

- Да что же вышло? Как?

- Так и вышло, Зыбатушка. Ведь налегке пошел наш князь Ярополк сюда из Киева, ничего с собой не захватил. Все здесь найти думал, а здесь-то ничего и нет. Как окружили нас новгородские дружины, так мы, почитай, в день али в два все запасы проели, а теперь вот с голоду мрем. Худо, Зыбатушка.

- Бедные, бедные, несчастные, - воскликнул воин, - и все-таки вы верными князю остаетесь.

- Да как же не оставаться-то? Обещание дали, нужно. Ежели мы да изменим, то что же тогда будет. Ой, Зыбатушка, молю я тебя: не ходи ты к нам, не показывайся.

- Это почему?

- Да боюсь я, как увидят тебя дружинники-то наши, так кто их знает, еще больше духом смутятся, и бросят князя своего. Не ходи ты. Ежели что передать желаешь, так мне скажи.

Сердце Зыбаты так и трепетало от боли; уже по тону, каким говорил эти слова его бывший товарищ, он видел, что в Родне голод свил себе прочное гнездо.

- Вот, - сказал он, отвязывая от седла так неожиданно пригодившиеся припасы, - отдай ты. Мало здесь, ну, сколько есть, а князю поклон скажи. Обидел он меня, а я зла на него не имею.

- Ой, Зыбатушка, - воскликнул Стемид, - вот что я тебе скажу! Ведомо нам всем, что с Владимиром вы большие друзья и при нем ты в ближних людях состоишь; так я тебе одно скажу: хочет наш князь к вашему князю на поклон идти, хочет мира у него просить и милости, сам себя с головой ему выдает. Так поговори ты с Владимиром, может быть, и не поднимет он руки на брата своего.

- Не ищет Владимир головы Ярополка.

- Ой, ой! Он-то не ищет, да другие хотят.

- Кто другие?

- Ой, будто не знаешь?

- Нонне, что ли?

- И Нонне, и Блуд. Что только им Ярополк сделал, понять не могу, а злобятся они на него, и оба они лютые его враги.

- Так что же Ярополк не идет к Владимиру? Ведь, ежели бы он с поклоном к брату пришел, так, может быть, и в самом деле милость у него заслужил бы?

- Да, видишь ты, не хочет он, старший брат, младшему кланяться. Хочет Ярополк до конца свою судьбу испытать. Блуд и Нонне задумали Владимиру передаться, а сами князю Ярополку то же советуют, то еще его отговаривают, подбивают в венгерскую землю бежать. А Ярополк им верит. Он не знает, на что и решиться, а все равно ждать не долго. И теперь-то нас новгородские рати голыми руками взять могут, а ежели только князя не будет, так сами передадимся. О-ой, Зыбатушка, прости меня, не гневайся, поспешу я скорее к товарищам с подарками твоими. Они и не знают, какое счастье, привалило. Пир мы устроим, какого и не видывали давно; и Варяжко, друга твоего, позовем, поклон от тебя скажем.

- А дозор-то как же? Разве можно бросать?

- Что дозор, все равно никто сюда не придет, никому мы не нужны. Так поезжай же ты, родимый, обратно.

Голос Стемида дрожал.

Зыбата угадывал, что он ждет не дождется, когда можно ему будет вместе с товарищами приняться за так неожиданно доставшиеся им припасы.

- Ну, прощай, Стемид, быть по-твоему, вернусь я в стан. Варяжко поклон скажи и князю челом ударь.

Повернул лошадь и тронулся обратно от неприветливой Родни.

"Судьба Божия неисповедимая сказывается, - думал он, - никто, как Бог всеведующий, предает Ярополка в руки Владимира, а что из сего будет - не человекам предугадывать. Может, и в самом деле Промысел Божий неведомыми путями ведет новгородского князя: в могилу, в язычество погружен он, а кто знает, не засияет ли через него над всей Русью свет великой Христовой истины?

13

ТЕМНЫЕ ЗАМЫСЛЫ

В Родне, действительно, приходилось очень плохо всем осажденным. Легкомыслие князя особенно поразительно выказывалось в той неосмотрительности, с какой он принял здесь осаду. Трусливый Ярополк загнал здесь сам себя в такую ловушку, из которой, как только появились новгородские войска, не оказалось для него ни малейшего выхода.

Он знал, что дружины Владимира смелы, воинственны, решительны, что если они идут против врага, то думают лишь о том, как бы одолеть его. И вдруг словно какое-то затмение нашло на киевского князя: он вообразил, что Родня настолько неприступна, что новгородские дружины разобьются об нее, как разбиваются волны о неподвижные утесы среди моря.

Ярополк ожидал, что Владимир как придет, так и ударит сразу по крепостце, и не думал даже, что новгородский князь решится на длительную осаду.

Если бы Владимир пошел на приступ, то, очень может быть, силы его и разбились бы о стены Родни. Но он повел осаду, и в результате осажденные, застигнутые за стенами почти что без всяких запасов еды и даже воды, несмотря на близость Роси, очень скоро попали в критическое положение.

Грустный и сильно взволнованный, повернул Зыбата от Родни в свой стан. Зато Стемид, трепещущий от радости, пошел к товарищам, чтобы поделиться с ними подарками их бывшего начальника.

Заботливость Зыбаты была всеми оценена по достоинству.

- Спасибо Зыбатушке, - говорили окружавшие Стемида товарищи, - вот это вождь. Не позабыл в беде своих.

- Христианин он, оттого и не забывает.

- У христиан и враги должны любить друг друга.

- А, может быть, он с умыслом подъезжал-то?

- С каким там умыслом, что за умысел.

- Как, с каким. Может, его новгородский князь подсылал, чтобы нас на измену сманить.

- И ни слова он об измене не говорил, - запротестовал обидчиво Стемид, - жалеть жалел, сердечно так жалел, как братьев родных, а чтобы переманивать, не было этого.

- Не таковский Зыбата, чтобы переманивать. Кабы тогда князь-то наш ни за что, ни про что на него не разгневался, так и он с нами остался бы.

- Вестимо, остался бы. Не волей ушел он и теперь об нас вон как заботиться.

- Доносили те, кто в лагерь высматривать ходили, что у новгородского князя он как гость живет, а против Ярополка никогда не идет.

Все эти разговоры происходили, пока Стемид делил на равные части Зыбатовы подарки.

- А это я Варяжке снесу, - проговорил он, откладывая в сторону одну из частей, - он, Варяжко-то, как и мы, мучается.

- Вольно ему свою долю отдавать.

- Да ведь кому отдает-то? - возразил Стемид. - Князю самому.

- То-то, что князю. Ярополк будто не понимает, откуда ему так всего вдоволь подают, а Варяжко мучается. Принесешь ты, Стемид, так он и теперь все Ярополку отдаст.

- Что ж, это его дело, - ответил тот, - были бы мы покойны, что товарища не обделили, а там он со своей долей пусть, что хочет, то и делает.

Стемид забрал отложенные куски и пошел прочь.

Идти ему нужно было довольно далеко, через обширную площадь Детинца, посредине которой стояла большая изба, отведенная под помещение князя Ярополка; около этой избы было еще несколько строений, где жили воевода Блуд, арконец Нонне и другие приближенные к киевскому князю люди.

Стемид подходил уже к этим зданиям, как вдруг увидел в темноте две человеческие фигуры; он кинулся на землю и залег за первый попавшийся бугорок.

Как ни было темно, а Стемид узнал по массивной фигуре воеводу Блуда. Рядом с ним виднелась маленькая фигурка тощего Нонне.

Арконский жрец и Блуд беседовали так горячо, что даже не заметили Стемида и не услышали произведенного им довольно сильного шороха; они шли очень тихо и то и дело останавливались; толстый Блуд, страдавший одышкой, обычно старался не двигаться слишком скоро, хотя, при надобности, был весьма подвижен.

Они остановились так близко от Стемида, что тот мог слышать их разговор.

- Нужно кончать это дело, Нонне, - говорил Блуд, - этакая, ведь, напасть. Такой, пожалуй, никогда еще и не слыхано было. Святослав в Доростоле сидел, так и то ему свободнее было, чем нам; видимо дело, что Владимир измором хочет взять.

- Видимо дело, - хихикнул Нонне, - точно не ты ему советовал.

- Я то я, да разве я знал, что так выйдет? Коль и советовал я, так думал, что потерпят, потерпят дружинники, да и пойдут против князя. Сами собой руки и развязались бы. А они вон как, с голоду вспухли, а за Ярополка стоят. Что он им только дался.

- Слову верны, - коротко заметил Нонне.

- Слову-то слову, да, ведь, Ярополк-то им чужой. Будь-ка другие на их месте - давно бы такого князя мечами посекли и к Владимиру перешли.

- И теперь, - вдруг с каким-то змеиным шипением громко проговорил Нонне, - теперь ты сам своими руками себе ловушку хочешь устроить?

- Это как? - и в голосе Блуда зазвучало нескрываемое удивление.

- Да вот как: Ярополк сам истомился, знаешь, поди, его: он

и попить, и поесть любит так, чтобы до отвала. А ты что надумал?

- Да то и надумал. Поклониться брату, ударить ему челом и признать его за старшего.

- Ну, вот видишь, а знаешь ты, что из того для тебя быть может? Владимира-то я видел и знаю. Когда так Ярополк сделает, он все сердце для него позабудет, и помирятся братья. А ежели помирятся, то Владимир тебя перед Ярополком не покроет, все ему расскажет, как ты переносился с ним, какую ты ему гибель готовил.

- Ну вот, боюсь я, - засмеялся Блуд, но теперь в его голосе звучал уже страх: он, видимо, почувствовал близкую опасность и уже начал придумывать способ выпутаться из нее.

Нонне, проницательный и хитрый, подметил эти нотки в тоне своего собеседника.

- Уж там, боишься ты или нет, - проговорил он, - дело другое, а беды тебе не избежать. Если помирятся Владимир и Ярополк, так Ярополк у Владимира большую силу возьмет, никогда Владимир не забудет, что он ему старшим братом приходится. Смекаешь ты? Ни-ког-да, - протянул с особенным подчеркиванием арконский жрец, - а умирать-то киевский князь даже и не собирается.

- Что же ты думаешь, Владимир меня ему с головой выдаст?

- Отчего же ему и не выдать? Ты ему чужой, а Ярополк и он одного отца сыновья, так-то. Ты вот обо всем подумал, а этого-то не сообразил; а для тебя всего опаснее, ежели братья сойдутся.

Нонне зло засмеялся.

Блуд молчал; он вздохнул и тихо пошел вперед, арконский жрец следовал за ним.

Стемид, как только они отошли, поднялся из-за своего бугра и чуть не бегом поспешил к княжеским хоромам. Однако Варяжко он там не застал, но узнал, что Ярополков любимец пошел к варяжским воинам, охранявшим Родню с противоположной стороны.

- Ага, знаю, где он, - сообразил Стемид. - Есть у него там приятели. Пойду-ка, да и, наверно, найду его там, - и он снова пустился по Родне на противоположную сторону ее Детинца.

14

ПРЕДАННОЕ СЕРДЦЕ

Варяжко, действительно, он застал у вождя одной из варяжских дружин, по имени Феодор. Варяг Феодор родился в Киеве, куда пришли с далекого Севера его родители. До вступления в Ярополкову дружину он находился при мудрой Ольге и, как все, кто служил ей, был христианином. Нравом он был кроток, сердцем незлоблив.

Варяжко любил его не менее, чем Зыбату, и теперь, когда Зыбаты около него не было, он только и отводил душу, что в беседах с Феодором.

Стемид застал их обоих за разговором.

Оба воина, как и все в Родне, были на вид истомленные и истощенные, исхудалые до крайности и походили скорее на тени, чем на недавно еще могучих воинов киевской дружины.

- Спасибо тебе, Стемидушка, спасибо, - ласково благодарил Варяжко, - Зыбату, говоришь, видел, челом бил. Эх, жалко, что его нет вместе с нами, но, однако, и радуюсь за него. Круто приходится, круто. А все-таки держаться будем, не выдадим Князя Великого. Хотя бы всем головы сложить пришлось, а постоим за правду.

- Хорошее ты слово сказал, Варяжко, - улыбнулся ему Феодор, - за правду нужно постоять, правдой земля держится; и вижу я, что одна она, правда-то, и у вас, Перуну кланяющихся, и у нас, что Истинного Бога познали. Вот мы сошлись здесь, и вы, и мы, и так нас крепко правда связала, что терпим из-за нее муку, а против нее не идем.

Варяжко грустно покачал головой.

- Где уж тут идти. Куда тут пойдешь. Никуда нам не уйти, здесь и останемся.

- Ой, Варяжко, вижу я, в отчаяние ты впадать стал, а я вот думаю, что Господь нам милость окажет и уйдем мы отсюда, и в Киев вернемся. И все по-хорошему будет. У меня, в Киеве-то, дитя осталось, сын, Иоанном его назвал; оставил его, уходя, на чужих руках, душой скорбел, а теперь словно голос мне какой говорит, что увижу я его, что еще далеко конец мой; и на душе у меня и легко, и покойно.

- У тебя-то покойно, - перебил Варяжко, - а у меня нет. Ты о сыне, малолетке, думаешь, а я о князе. У тебя сын в надежных руках оставлен, а я как погляжу - около князя одни враги, только и думающие, как бы погубить его. Да не удастся! Вот все думали они, что как будет морить здесь нас новгородский князь, дружины поднимутся на Ярополка и убьют его. Не выходит этого - дружины верны остаются. Теперь, проведал я, на другое решились. Нонне, арконец, так вот Ярополку и шепчет в уши, чтобы он челом ударил Владимиру. И что ему за охота пришла братьев мирить, когда он же их друг на друга натравливал, совсем не знаю.

Стемид, до того молча слушавший беседу, тут вмешался в нее. Он почти слово в слово передал ту беседу между арконским жрецом и Блудом, которую ему пришлось невольно подслушать.

Варяжко с величайшим вниманием отнесся к рассказу дружинника.

- Ничего я сообразить не могу, что теперь Нонне с Блудом затевают. Думаю я, желает он Блуда извести. Только, с чего он за таковое принялся, не ведаю. Должно, Блуд ему в чем-нибудь мешает, вот он и злобится. Эх, этот Нонне. Весь грех от него идет.

- Ты бы князя-то предупредил, - заметил Феодор.

- О, предупреждал я, не слушает меня князь. Так поддался Блуду да Нонне, что и теперь, когда в мышеловке мы и уже дитяти неразумному видно, что завел в эту ловушку нас воевода-пестун да жрец арконский, и то он никому, кроме них, не верит, словно разума лишился. А силой взять? Так нешто силой против князя пойдешь.

- Да зачем идти, - раздумчиво произнес Феодор, - ежели суждено ему что от Господа, то и будет. Божьи пути неисповедимы. Без Его же воли ни единый волос не падет с головы человеческой.

Он хотел еще что-то сказать, но в это время вбежал один из княжеских отроков.

- Варяжко, Варяжко, иди скорее! - закричал он. - Приказал князь тебя сыскать и пред его очи привести.

- Что такое? Зачем я понадобился?

- Ой, Варяжко, совсем нам худо.

- Что еще?

- Нонне-арконец.

- Что Нонне-арконец?

- Ушел из Родни. Должно, к новгородскому князю.

Варяжко взглянул на Стемида.

- Или ты ошибся?

- Да нет же, не мог я ошибиться. Своими глазами Нонне видел, и Блуд был вместе с ним.

- Эх, - вздохнул ярополков любимец, - чуется мне, что беда все ближе и ближе. Пойду к князю, а ты, Феодор, дружины свои обойди. Кто знает, что ночью случится, может, вот теперь-то новгородцы и ударят на нас. А тебя, Стемид, за память благодарю, не посовещусь, возьму твои гостинцы, пригодятся. Они, может быть, скудны, но и у князя очень скудно, так скудно, что и сказать нельзя.

Они разошлись.

15

ДВА СОВЕТНИКА

Варяжко застал Ярополка в страшном припадке горя. Князь, пораженный бегством своего ближайшего советника, не понимавший причин этого побега, плакал, как женщина; около него суетился Блуд.

- И когда же это арконец бежать-то успел? - выкрикивал Блуд притворно-жалобным голосом, - все это время, почитай, вместе мы были, о делах разных говорили, как беду изжить, совещались. Он взял да и убег. И куда - ума не приложу.

Варяжко смотрел на него пристально; он и сам недоумевал, как могло это случиться. Он верил Стемиду, к Блуду же у него не было ни малейшего доверия.

- Варяжко мой, - воскликнул Ярополк, - что же нам теперь делать? Покидают все. Вот Нонне убежал, а потом ты убежишь. Останемся мы с тобой, Блуд, одиноки.

- Княже, за что ты меня обижаешь? - вскричал Варяжко, - служу я тебе честно, а ты вместо того, да такую обиду.

- Ой, Варяжко, прости ты мне, не я говорю - горе мое говорит. Только двое теперь вас и осталось у меня: Блуд да ты; ни на кого больше положиться не могу. Посоветуйте же мне, что я делать должен. Ведь, видимо дело, в Родне нам не отсидеться. Дружинники, что мухи под осень, еле с голоду ноги таскают. Ударит Владимир - сразу всех так и захлопнет. Вот, Варяжко, при тебе я Нонне спрашивал, а теперь уж ты мне присоветуй. Блуд, вон, говорит, чтобы я брату младшему челом ударил и примирился с ним, а ты мне что посоветуешь?

Варяжко так и встрепенулся, когда услыхал эти слова.

- Совета моего желаешь, княже? - сказал он. - Скажу тебе то, что давно думал.

- Скажи, скажи, Варяжко. Вон, Блуд правду говорит. Нам от Владимира в Родне не отсидеться, возьмет он нас здесь всех, чует мое сердце, возьмет и убьет. А я жить хочу! Я еще молодой, я еще не все утехи в жизни видел. Не помириться ли с Владимиром? Что ж, ну поклонюсь ему, а он, быть может, и помилует.

- Княже, - горячо и резко прервал его Варяжко, - ты моего совета желал, так слушай же. Не следует тебе к брату на поклон идти. Не водится так, чтобы старший брат меньшему челом бил. Да еще помилует тебя Владимир аль нет, кто то знает? А ты говоришь: "Жить хочу!" Стало быть, жизнь для тебя дорога; а за то, что человеку дорого, постоять нужно, нечего отдавать так, задаром, даром-то отдать ее, жизнь-то твою, всегда успеешь.

- Ой, Варяжко, да что же мне делать-то? - уже совсем испуганно воскликнул малодушный князь.

- А вот что: не ходи ты, княже, к Владимиру. Пойдешь - тут тебе погибель.

- Куда же идти-то мне?

- Как куда! Ночи темные. Новгородцы Родни почти что не стерегут. Сядем на коней да к печенегам. Их только кликни - они все соберутся да придут, и за тебя же постоят.

- Ой, нет, Варяжко, нет. Не по сердцу мне совет твой, - замахал на него руками Ярополк, - идти к печенегам, бежать такую даль. Поди, погоня будет, лошади у нас плохие, погоня настигнет, и убьют меня, а то еще печенеги не примут. Ведь они отца-то моего, князя Святослава, помнят и из-за него на меня злобятся. Нет, Варяжко, не хочу я идти к печенегам.

- Воля твоя, княже, - печально проговорил Варяжко и с тяжелым вздохом опустил голову на грудь.

- И ты тоже, - с деланным негодованием накинулся на него Блуд, - ишь ведь, какие вы на советы: к печенегам бежать! Да если князь пойдет к печенегам, так Владимир еще пуще разгневается, и тогда он него никакой пощады ждать нельзя! Тут-то, ежели поговорить с ним хорошо, так и умилостивить можно, а уж тогда никакие просьбы не помогут. И потом, мне так сдается. Слушай-ка, княже. Ведь Нонне неспроста ушел к Владимиру. Имел я с ним беседу, сегодня имел; видимо дело, после нашей беседы он в бега ударился. А в беседе той арконец проговорился, будто уйдет он и разведает, как Владимир, на мир с тобой склонен ли. Он сам Владимира-то знает, как тот еще в Арконе был, на Рюгене. С тех пор они знакомцами стали.

И вот еще Нонне вспоминал, что он Владимиру и дружины варяжские подбирал, так что, ежели они теперь сойдутся, Владимир от него скрытничать не станет, все, что на душе, перед ним выложит, а Нонне потом со мной перенесется. И как разузнаем мы, склонен Владимир к миру, али нет, тогда и порешим. Вот что я думаю. Кто его знает, новгородского князя-то. Может быть, он одного почету только желает, а враждовать с тобой и не думает, тогда что же? И челом тебе ему бить не придется, сойдетесь вы, обнимитесь, как братья милые, и никакой распри между вами не будет.

- Ой, княже, не ходи к Владимиру, погибель там твоя, - глухо произнес Варяжко, склонив голову.

Ярополк опять так и замахал на него руками.

- Оставь, Варяжко, оставь. Напрасно я твоего совета спросил. Ежели мечом управляться, так ты, пожалуй, и Зыбате не уступишь, а совет подавать не твое дело. Вон Блуд все рассудил, и склоняюсь я на его слова. Ежели уж и к печенегам идти, так после того, как узнаем, что Владимир о мире думает. Ведь к печенегам мы всегда уйти успеем, а только зачем, ежели мир между нами будет? А я верю, что Нонне не бросил меня, что ежели он ушел, так добра мне желаючи. Иди, Варяжко, иди. Ой, Блуд, и лихо же нам здесь, в Родне: голодно, беда, и попировать нечем, хоть бы мир скорее!

- Так как же, княже, решаешь: к печенегам? - вкрадчиво спросил Блуд, перебивая Ярополка, - или по-моему поступишь? Мне твое решение знать надобно. Может, на утро от Нонне вести придут, так я думаю, твое дело, княже, вершить. Может, Владимир себе Киева потребует. Ведь если на мир идти придется, так и Киев ему уступить надобно. Как ты, княже?

- А что мне Киев, - досадливо махнул рукой Ярополк, - не в одном Киеве жить можно, да еще как жить-то! Да будет по совету твоему: возьму, что брат мне уступит.

- Княже, опомнись! - уже не своим голосом вскрикнул Варяжко, забываясь. - Не ходи к Владимиру, погибнешь.

- Иди вон, Варяжко, - рассердился Ярополк, - видеть тебя не хочу! Попал князь в беду, так и вы все по-своему его хотите заставить делать. Не будет того! Я князь - моя воля! Как решаю, так и будет. Иди вон! А ты, Блуд, останься, ты мне еще посоветуешь, как лучше с братом встретиться.

На глазах Варяжко от сознания незаслуженной обиды проступили слезы, но он видел, что все его дальнейшие уговоры будут бесполезны, и вышел.

16

НОЧНАЯ ВСТРЕЧА

В это время Зыбата, задумчивый и страдавший сердцем за изнемогших товарищей, возвращался уже к новгородскому стану.

Его пропускали так же свободно и обратно; ночь между тем уже быстро близилась к свету, край с востока алел предрассветной полоской.

"Что же это такое, - думал Зыбата, - или впрямь сбывается над этими людьми судьба? Кто знает ее неисповедимые пути? Владимир сказал, что он испытывает ее; и хочется думать, что она стоит за смелого сына Малуши. Но что же тогда? Если так, то следует покориться ее велениям и предоставить несчастного Ярополка своей участи. Что ж, пусть сбывается, что предрешено, но жаль, бесконечно жаль князя".

Топот лошади заставил Зыбату отвлечься. Теперь он с недоумением размышлял, кто бы мог так поздно возвращаться из осажденного города к новгородцам.

Едва он подумал это, как мимо него, совсем тенью, проскользнул обгонявший его всадник.

Как ни слаб был свет наступавшего утра, тем не менее Зыбата узнал в проехавшем арконского жреца.

- Нонне! - тихо воскликнул он.

Голос его раздался чуть слышно, но, должно быть, внимание арконца было напряжено до последней степени, ибо он сейчас же попридержал лошадь и глухим шепотом спросил:

- Кто знает меня здесь? Кто назвал мое имя?

Зыбата не счел нужным скрываться и выступил вперед.

- Это я, Зыбата.

- А, христианин, - глухо раздалось в ответ. - Как же, узнал, вот где свиделись. Ты уж не из Родни ли?

- Да, оттуда. А ты не в новгородский ли стан?

- Да, туда, - засмеялся Нонне. - Как живет князь Владимир?

- Чего ты меня спрашиваешь Я думаю, ты это так же хорошо знаешь, как и я, - ответил Зыбата.

Нонне глухо засмеялся.

- Мало ли, что я знаю, Зыбата, мало ли что. На то я служу всемогущему Святовиту, чтобы знать всякие тайны. Да, Зыбата, всякие тайны. Никому и не снится, что ведаю я. Я все ведаю, мне все известно: и как растет всякий цветок из-под земли, и что говорят звезды на небе. Знаю я, Зыбата, о чем каждый человек думает, и не только это знаю, но и то, что каждого человека ждет впереди.

- Это знает только один всеведущий Бог! - воскликнул Зыбата.

- Ты говоришь про своего Бога, про Бога христиан, - в голосе Нонне теперь послышалось сдержанное бешенство, - а я тебе скажу, что так верить, как вы веруете, христиане, значит верить в свой сон, в свою мечту. Верить в то, существование чего подвержено сомнениям, значит лишь обманывать самого себя.

- Нет, Нонне, нет! - с силою воскликнул Зыбата. - Ты не можешь так говорить; в тебе клокочет ненависть, и твой разум затемнен ею! Бог христиан велик и всемогущ, ваши же Святовит, Перун, Один, Тор - одни лишь создания человеческой мечты, и в них нет ни тени Божества. Ты говоришь, твой Святовит всеведущ, так пусть же он скажет твоими устами, что ждет, ну, хотя бы меня, христианина, в будущем.

Нонне ответил не сразу; он, видимо, понял, что Зыбата в этих словах сделал ему вызов, и ответил с обычной осторожностью и привычкой давать решительные ответы не иначе, как обдумав и сообразив все обстоятельства, окружающие их.

- Ты спрашиваешь меня, Зыбата, - тихо и внушительно произнес он, - а я должен ответить тебе, и я отвечу. Но я не буду говорить о тебе одном, а о всех тех, кто единоверцы тебе. Солнце взойдет на небе три раза и столько же раз сойдет с неба, как Владимир уже будет на киевском столе князем, а когда оно сядет на покой четвертый раз, то ни одного христианина в Киеве не останется.

Голос его звучал торжественно, и Зыбату невольно охватило предчувствие чего-то ужасного. Он хорошо понимал, что Нонне вовсе не предвещает, внезапно просвещенный силой своего божества, а просто говорит ему известное о том, что непременно должно случиться. Зыбата, одаренный от природы большой сообразительностью, сразу смекнул, что Нонне имеет с Владимиром Новгородским уговор, согласно которому князь, овладев Киевом, должен был истребить всех тех, кто следовал вере его мудрой бабки Ольги. Вместе с тем молодой воин понял, что Нонне открыл ему то самое, что он должен был услышать сегодня в шатре Владимира.

- Ты поражен, Зыбата, - торжествовал между тем арконец, - ты уверен, что мои предсказания исполнятся непременно.

Помни же это и страшись. О тебе я ничего не скажу. Принимай мои слова как знаешь. - Злобный старик захохотал, позабыв даже всю осторожность.

- Нонне, Нонне! - восклицал действительно смущенный Зыбата, - неужели ты решился на такое кровопролитие?

- На какое, Зыбата?

- Ведь то, что ты говоришь, будет вовсе не делом твоего Святовита. Это будет, Нонне, делом рук твоих, и ты никогда не заставишь меня думать, будто гибель христиан прошла без твоего участия.

- Как хочешь, так и думай, Зыбата, в этом ты волен, а только помни, что я сказал. Быть может, я попрошу Святовита, и ты умрешь последним, так что увидишь, как будут гибнуть твои единоверцы. Но до тех пор я с тобой говорить ни о чем не буду. Ты же, если уцелеешь, вспомни мои слова и, оставшись живым, прославь великого властителя тайн жизни и смерти, которому поклоняются на Рюгене.

Он тронул лошадь, как будто желая показать этим, что никаких разговоров между ними больше не может быть. Вскоре он скрылся из виду.

- Боже правый, всеведущий, всемогущий! - произнес тихо Зыбата, поднимая глаза к заалевшим утренней зарей небесам. - Огради силою Твоею несчастных, не дай им пострадать безвинно, и да посрамится этот злой человек силою своей же ненависти!

Он произнес это, и сразу же на душе у него стало легко, отпала страшная тягота, легшая на его сердце, и словно какой-то тайный, но мощный голос зашептал молодому воину на ухо: "Без воли Божией ни единый волос не упадет с головы человеческой".

17

НАВСТРЕЧУ СВОЕЙ УЧАСТИ

Зыбата возвратился в стан сильно утомленный своей ночной поездкой и заснул как убитый, едва добравшись до своего шатра.

Когда он проснулся и вышел наружу, то увидел, что весь стан осаждающих находится в необыкновенном движении.

Новгородцы, с радостью сияющими лицами, снимали стан, вьючили лошадей, словно готовились к какому-то новому походу.

- Друже, скажи, что происходит? - остановил Зыбата одного из дружинников. - Куда уходим мы?

- Как, Зыбата, ты такой близкий к князю человек и не знаешь? - искренно удивился спрошенный.

- Я уходил из стана под вечер, а вернулся лишь наутро.

- Бросаем мы Родню, уходим.

- Куда же?

- В Киев.

- На Киев! - изумился Зыбата. - Это зачем? А как же Ярополк?

- Ярополк прислал послов, челом бьет нашему Владимиру, чтобы не было между ними распри, а помиловал бы его Владимир и пожаловал, чем только его милость будет.

- И что же Владимир?

- Владимир ответил: пусть Ярополк приходит в Киев, там, дескать, они и помирятся, а что здесь, у Родни, он никакого разговора вести не будет; милость же свою Владимир сейчас показал: он объявил, что уйдет от Родни и лишь малую дружину оставит, дабы Ярополка на пути к Киеву от всяких напастей охранять.

- Вон что случилось, - пробормотал Зыбата, - а я и не знал. Действительно, скоро дела стали делаться. А где теперь князь-то? Надо бы пойти к нему.

- Поди, поди, если догнать можешь.

- Как догнать! Разве Владимира нет в стане?

- То-то и оно, что нет. В Киев ушел он, и Добрыня Малкович с ним. Тут к нему ночью, пред рассветом из Родни один человек явился.

- Нонне-арконец? - воскликнул Зыбата.

- Уж не знаю, как его зовут. Стар человек. С виду, что лиса, хитроватый такой; с ним да с Малковичем князь и помчался; ополдень и мы, пожалуй, пойдем.

Зыбата ничего не ответил, да и что он мог ответить? События совершались с непостижимой быстротой. Он понял, что-то случилось, но что именно - этого он совершенно не понимал и решил терпеливо выжидать, что будет далее.

После полудня весь новгородский стан, действительно, уже снялся и отправился в поход, на Днепр. Осажденным в Родне были посланы обильные запасы.

Зыбата сперва хотел было пойти к своим друзьям, находившимся около Ярополка, но потом раздумал; он решил остаться при Владимире, тем более, что теперь, когда приближалась развязка, зловещие слова арконского жреца не давали ему покоя.

Зыбата думал и был уверен, что никакого истребления христиан не будет, разве только всемогущий Господь попустит совершиться этому делу. Но в то же время он спешил присоединиться к единоверцам, дабы разделить с ними ту участь, которая, может быть, готовилась им.

В Киев он прибыл, когда Владимир уже вступил туда. Столица Приднепровья была охвачена невыразимым ликованием. На лицах всех, что только ни был в Киеве, светилось радостное оживление: всем казалось, что с приходом великого князя настанут новые дни; что в Киев возвратятся славные времена Олега, Ольги и Святослава.

Зыбата, возвратившийся в Киев, не пошел к Владимиру, а поселился у старого пресвитера, совершавшего богослужение в храме святого Илии. Когда молодой воин рассказал старцу об угрозах арконского жреца, тот в ответ только покачал седой головой.

18

ПОБЕЖДЕННЫЙ КНЯЗЬ

Был ясный солнечный день, когда Зыбата вместе с толпой киевлян, среди которых было много христиан, спешил на гору к киевскому Детинцу. Давно небывалое оживление замечалось в народных массах: слышались крики то восторга, то негодования против неугодного народу князя. Молодой христианин не желал выделяться в толпе, ему хотелось издали посмотреть на въезд князей. Он знал, что Владимира в этот день не было в Киеве и что установлен своеобразный церемониал для встречи братьев. Побежденный Ярополк должен был прибыть к княжеским хоромам и там ожидать возвращения Владимира с охоты, на которую тот уехал еще накануне вечером.

Зыбата понимал, что, конечно, все это было неспроста. Владимиру хотелось не то, чтобы унизить перед народом своего старшего брата, а просто испытать чувства народа к Ярополку: мало ли что могло произойти в то время, которое провел

Ярополк в ожидании брата. Ведь не могло быть сомнения, что в Киеве и у него были, хотя и не многочисленные, сторонники. Владимир же не хотел, чтобы его упрекали в том, что он завладел великокняжеским столом силою, а не по воле народной; слава и победы давно уже наскучили новгородскому князю; он видел, что завоевания мечом непрочны, а прочны только те завоевания, которые творятся любовью. И вот он хотел войти в Киев по доброй воле народа. Если же народ, сжалившись над Ярополком, снова вернется под его власть, то ему, Владимиру, и не нужен Киев, не нужен потому, что он искренно желал примирения со старшим братом, которого он в душе считал для себя вместо отца.

Зыбата понимал все это, да и старый пресвитер, у которого он жил эти дни, не раз говорил ему, что в данном случае Владимир поступает чересчур великодушно. Теперь, стоя в гуще толпы, Зыбата с любопытством присматривался к лицам, собиравшимся у Детинца людей и прислушивался к раздававшимся вокруг него разговорам. Некоторых в толпе он знал. Но теперь Зыбату никто не узнавал, быть может, потому, что он снял с себя ратные воинские доспехи и был одет, как все киевляне.

- Ой, боязно, как бы не примирился Владимир с Ярополком, - слышал Зыбата, - добр Владимир и сердцем мягок; примирятся братья, и все пойдет по-старому.

- Не бывать этому, - горячо воскликнул другой, - скорее Днепр вспять пойдет, чем будет так. Не желаем Ярополка.

- Кто его желает? На Владимира поглядеть да потом на Ярополка - что небо и земля. Ярополк-то и толстый, и слюнявый, и пыхтит, как лошадь опоенная, а Владимир-то словно солнце красное.

Последние слова услыхали многие киевляне.

- Солнце красное, солнце красное, - полился по толпе переливами рокот, - солнце, солнышко красное!

И вдруг все разом стихли. Толпа, за мгновение до того оживленная, радостно шумевшая, замолчала. Воцарилась мертвая тишина, люди раздвигались, очищая путь к воротам Детинца.

- Ярополк, - как-то сумрачно раздалось в толпе. Показалось несколько верховых, впереди ехали новгородские дружинники, потом варяги, а за ними видна была колымага, грузно катившаяся по неровной почве, дальше следовало еще несколько варягов.

- В колымаге-то Ярополк с Блудом, - услыхал около себя

Зыбата. - Ишь ты, прячется, на народ киевский взглянуть совестно, а Нонне-арконца не видать.

- Где же увидишь? Он ведь при Владимире.

- Чего там; его и в Киеве, и в Ярополковом стану видели.

- Ну, приехали все теперь. Теперь Владимира ждать будем.

У Зыбаты стало невыразимо тяжело на сердце: ни один клич, ни одно приветствие не встретило недавнего еще владыку Приднепровья; он вступил в свой стольный город всеми отверженный.

"Вот оно, величие, вот она, слава земная! - шептал про себя Зыбата. - Неужели же живет человек и возносится лишь для того, чтобы с высоты упасть в бездну?"

19

КРОВАВОЕ ДЕЛО

Кто-то слегка тронул Зыбату за плечо. Он быстро обернулся и увидел позади себя варяжского воина Феодора, бывшего на этот раз тоже без доспехов и тоже в простом киевском платье; около него стоял подросток с нежными чертами лица и задумчивым взглядом больших серых глаз. Зыбата понял, что это был сын Феодора Иоанн.

- Ой, Зыбатушка, - заговорил варяг, - как будто совсем не приходится хорошего ожидать, как будто дурное что-то надвигается, и такое дурное, что сердце замирает, как подумаю.

- Для кого дурное? - чувствуя невольную тревогу, спросил Зыбата.

- Для князя нашего, для Ярополка.

- Полно, Владимир не имеет на него зла, братья примирятся.

- Братья, братья. Да если бы участь Ярополка только от Владимира и Добрыни зависела, так нечего и бояться за него.

- Но кто же еще ему грозит?

- Два у него страшных врага: Блуд и Нонне-арконец.

-Эй, Феодор, что же они могут тут сделать? Владимир в Киеве хозяин.

- Не знаю и сказать ничего не могу, а вот только мне ведомо, доподлинно ведомо, что Нонне призвал к себе двух арконских варягов, с Рюгена; те варяги и в Киев пришли еще вместе с Нонне; знаю я их, для арконца они псы верные; на кого он их натравит, на того они и бросятся.

- Ну, что же из того?

- То, Зыбата, что им Нонне приказал быть в той избе, которая для Блуда приготовлена, и быть он им там приказал потайно. И вот сегодня я прознал, что Ярополк Владимира будет ожидать не в княжеских хоромах, а как раз у Блуда. - Феодор не успел договорить, как отчаянный вопль пронесся среди всеобщей тишины.

- Убили! Убили!

Толпа, словно подхваченная порывом ветра, кинулась к воротам Детинца и бурным потоком влилась через них. Зыбата, подхваченный толпой, очутился в передних ее рядах. Он увидел своего друга Варяжко, покрытого кровью, но державшегося на ногах и в страшном негодовании кричавшего так, что его голос слышен был даже в реве толпы.

- Заманили князя, заманили и убили! - кричал Варяжко. - Предатели... На безоружного руку подняли. Он к вам с добром и любовью шел, он вам мир нес, он ради того, чтобы крови вашей не пролить, смирился и гордость свою победил, а вы вместо того убили его из-за угла!

- Да кто кого убил? Кто? Как смеют нас убийцами называть?! - шумела толпа.

- Князя вы убили. Ярополка.

Зыбата заметил, что с крыльца соседней избы, у дверей которой стояли Блуд и Нонне, вдруг кинулись к Варяжко два зверского вида, вооруженные короткими мечами варяга. Обезумевший от горя любимец несчастного Ярополка и не заметил угрожающей ему опасности, и варяги моментально изрубили бы его, если бы Зыбата вдруг не кинулся вперед, и заграждая Варяжко своим телом, не крикнул как мог громко:

- Прочь! Как вы смеете! Ежели Варяжко неправду говорит, то пусть князь его рассудит.

Смелые слова Зыбаты произвели впечатление на толпу.

- Да, да, пусть князь рассудит, пусть он разберет, кто Ярополка убил, и мы ли, люди киевские, в его смерти повинны.

Зыбату, Варяжко и Феодора окружило живое кольцо. Арконцы-варяги подняли было мечи, чтобы врубиться в людскую массу, но в это время воздух задрожал от громкого клича, вырвавшегося сразу из нескольких тысяч грудей.

- Здравствуй навеки, князь наш Владимир! Привет тебе, Солнышко Красное! - В ворота Детинца на красивом статном коне, окруженный толпою блестящих воинов, въезжал Владимир.

- Опоздал, опоздал, - прошептал Зыбата.

20

НАРОДНЫЙ ГОЛОС

Владимир сразу заметил: произошло что-то необыкновенное. Он зорко всматривался, пытаясь отыскать взглядом Ярополка, но того нигде не было видно. А вокруг ревела толпа, воодушевленная неподдельным восторгом. Но когда Владимир чуть приостановил коня, первым возле него отказался трепетавший от гнева Варяжко. Он схватил окровавленной рукой поводья и неистово закричал:

- Князь Новгородский, суда требую! - Вид Варяжко был страшен, лицо перепачкано кровью, которая текла по его одеждам и кое-где уже подсохла и запеклась. Однако Владимир даже не дрогнул, увидев перед собой этого человека, требовавшего суда. Он сразу узнал его.

- Над кем тебе мой суд нужен? - спросил он. - Кого ты к ответу зовешь?

- Тебя, князь Новгородский! - хрипло зхохотал Варяжко.

- Меня? В чем же ты меня обвиняешь? - удивился Владимир.

- В вероломстве виновен ты. Ты, ты. Что на меня смотришь с таким удивлением? Ты заманил в западню несчастного брата и приказал убить его.

- Я? Ярополк убит? Я его убийца? - в голосе Владимира зазвучали нотки неподдельного изумления. - Нет, это неправда.

-Поди и взгляни, - указал Варяжко на те хоромы, которые были отведены для Блуда, - поди и взгляни, новгородский князь, на свою жертву. Ты сам увидишь, что в притворе он лежит, зарубленный мечами твоих слуг, бездыханный. Кругом него кровь, кровь твоего отца, твоя кровь, - и ты смеешь еще говорить, что неповинен в смерти его. А-а, совесть-то и в тебе заговорила. Бледнеешь ты, убийца вероломный!

Действительно, красивое лицо Владимир покрылось вдруг мертвенной бледностью; он даже слегка качнулся в седле, как будто весть о смерти Ярополка поразила его тяжелым ударом. Кругом стоял народ, безмолвный, смущенный. Глаза всех были потуплены; на Владимира смотрели только горящие ненавистью очи Варяжко.

- Кровь своего отца ты пролил! - гремел исступленный воин. - Печенегам лютым уподобился ты! Да и печенеги-то отца твоего, Святослава, в честном бою убили: Куря, их князь, на единоборство с ним вышел. А ты заманил брата, милость ему обещал свою, а как пришел он, так мечи его по твоему приказу и приняли.

Владимир задрожал. Бледность быстро исчезла, лицо его вдруг запылало; он приподнялся на стременах, окинул гордым взором молчавшую толпу и звучно крикнул так, что каждое его слово отдавалось во всех уголках Детинца:

- Народ киевский, слышишь ли ты? В коварстве винит он меня, - указал Владимир на Варяжко, - говорит, что повинен я в крови брата своего, Ярополка, что убил его, как вероломный предатель, заманив к себе. Так прими же ты мою клятву. Тем, кто в Перуна верует, Перуном я клянусь, кто Одина чтит, Одином и Тором клянусь, кто Невидимому Богу христианскому служит, пред теми я именем их Бога клянусь, что и в мыслях у меня не было поднять руку на брата моего старшего. Сердцем хотел я примириться с ним. Не по великокняжескому столу Ярополк был, но все-таки смерти он не заслуживал; в мыслях моих было отдать ему удел любой, какой он ни пожелал бы, чтобы жил он там как душе его угодно. Крови его не хотел я, и в ней неповинен я. Веришь ли мне, народ киевский?

Ни один голос не отозвался на этот вопрос; очевидно, все были уверены, что смерть Ярополка не обошлась без участия Владимира.

Горькая улыбка заиграла на губах князя.

- Ой ли, вижу я, - так же звучно проговорил он, - что нет мне веры! Все молчат, никто ответить мне не хочет, так пусть же тогда сам народ меня казнит. Отдаюсь во власть его. Пусть умру я, если думают киевляне, что повинен я в вероломстве. Но пусть только скажет мне народ, что не верит он моей клятве.

- Я, Владимир, верю тебе и без клятвы твоей, - вдруг выдвинулся Зыбата, - Богу Невидомому, христианскому служу я и знаю, что не попустил бы Он клясться Своим именем, если бы была на тебе кровь брата твоего. Эй, народ киевский! Неповинен в злодеянии Владимир князь, так же неповинен, как Ярополк не был повинен в крови Олега Древлянского. Убил его Свенельд за Люта, сына своего, а укор за кровь без вины на Ярополка пал. То же и с Владимиром теперь. Неповинен он, а ежели умереть тут ему суждено, так я и умру вместе с ним.

- Спасибо, Зыбатушка, - тихо проговорил князь.

Он хотел еще что-то сказать смелому христианину, но вдруг около него, словно шум морского прибоя, загудели голоса:

- Неповинен князь Владимир, неповинен в Ярополковой смерти! Другие тут руки поработали. Хотим его князем своим! Хотим его князем над нами! Никого другого, кроме тебя, не желаем! Красное Солнышко, в Ярополковой гибели не виним тебя! Привет тебе, стольный князь Киевский!

Собиравшаяся буря рассеялась; снова засияло солнце любви, и Владимир понял, что с этого мгновения он становится в Приднепровье, а пожалуй, и во всей Руси, большим владыкой, чем и отец его, Святослав, и славный киевский князь Вещий Олег.

- Спасибо тебе, народ мой! - крикнул он, нашедши мгновение, когда крики несколько смолкли. - Спасибо тебе! Обещаю тебе, что по княжьей правде своей разберу я, кто виновен в Ярополковой смерти, и покараю вероломцев. Ты же, Зыбата, и ты, Варяжко, идите в хоромы мои. Ты, Варяжко, верный был слуга моему злосчастному брату, и ради памяти его дам я тебе мои великокняжеские милости. Но теперь хочу я поклониться телу Ярополка, хочу плакать близ него, вспоминая детство наше. А потом суд мой праведный.

Он тронул коня.

А кругом к нему жались народные массы, и все громче и громче несся клич:

- Солнышко, солнышко наше красное, Владимир свет Святославович!

www.ingramcontent.com/pod-product-compliance
Lightning Source LLC
LaVergne TN
LVHW030216230826
846093LV00010B/485

* 9 7 9 8 8 8 9 4 2 2 5 9 4 *